GOLF
PLAY THE GOLF DIGEST WAY

GOLF: HOW TO PLAY THE GOLF DIGEST WAY
by Ron Kaspriske, David Leadbetter, Golf Digest
Copyright ⓒ 2012 Rizzoli International Publications, Inc.
Korean Translation Copyright ⓒ 2013 by CYPRESS
This Work was originally published in English as GOLF: HOW TO PLAY THE GOLF DIGEST WAY by Rizzoli International Publications, New York in 2012.
Korean translation rights arranged with Rizzoli International Publications, Inc. through Shinwon Agency Co.

All rights reserved. No part of this publication may be reproduced, stored in a
retrieval system, or transmitted in any form or by any means, electronic, mechanical,
photocopying, recording, or otherwise, without prior consent of the publishers.

이 책의 한국어판 저작권은 신원 에이전시를 통한 저작권자와 독점 계약한 싸이프레스에 있습니다.
저작권법에 의해 한국 내에서 보호를 받는 저작물이므로 무단 전재 및 복제를 금합니다.

Golf Digest

주말골퍼를 위한 비밀 노트!

골프 다이제스트 레슨

론 카스프리스크, 골프 다이제스트 편집부 지음
데이비드 리드베터 서문 | 김해천 옮김

CONTENTS

머리글 _ 데이비드 리드베터 • 12
소개글 _ 밥 카니(골프 다이제스트 수석 편집자) • 14
역자글 _ 김해천(PGA Class A Member) • 16

01 PUTTING 퍼팅

● **퍼팅의 이해** • 20

● **연습 팁** • 22

| BASICS | 퍼터 그립을 잡는 방법 _ 스탠 어틀리 • 22
| BASICS | 왼손으로 리드하라 _ 데이브 스탁턴 • 23
| BASICS | 볼을 똑바로 굴리려면 팔꿈치를 안으로 향하게 하라 _ 데이비드 리드베터 • 25
| BASICS | 아크를 따라 퍼팅하라 _ 릭 스미스 • 26
| BASICS | 프로같이 릴리스하라 _ 행크 헤이니 • 27
| ADVANCED | 왼쪽 귀로 퍼트하라 _ 부치 하먼 • 28
| ADVANCED | 머리를 움직이지 마라 _ 브라이언 게이 • 29
| ADVANCED | 효과 만점 퍼팅 연습방법 _ 토드 앤더슨 • 31
| ADVANCED | 반드시 버디가 필요한 상황에서의 퍼트 요령 _ 로레나 오초아 • 32
| ADVANCED | 숏 퍼팅은 '25-75 법칙'을 상상하라 _ 필 미켈슨 • 33
| ADVANCED | 벨리퍼터를 사용하는 방법 _ 마크 우드 • 35
| ADVANCED | 적정한 스피드로 퍼트하는 방법 _ 크리스티 커 • 37

● **실전 전략** • 38

| BASICS | 그린을 읽는 최상의 방법 _ 행크 헤이니 • 38
| BASICS | 15미터 퍼팅에 관한 팁 _ 부치 하먼 • 40
| BASICS | 롱 퍼팅을 홀 가까이 굴리는 방법 _ 릭 스미스 • 43
| BASICS | 경사면에서의 퍼팅 방법 _ 아니카 소렌스탐 • 45
| ADVANCED | 꼭 성공해야 하는 퍼트는 손에 집중하라 _ 톰 왓슨 • 46
| ADVANCED | 중요한 퍼트를 성공시키는 방법 _ 행크 헤이니 • 47
| ADVANCED | 마지막 1m를 살펴라 _ 딘 라인무스 • 48
| ADVANCED | 나무뿌리가 땅에 박힌 것처럼 하체를 움직이지 마라 _ 조쉬 잰더 • 49
| ADVANCED | 내리막 경사에서는 샤프트를 오른쪽으로 기울여라 _ 짐 플릭 • 50
| ADVANCED | 내리막 경사에서는 볼이 졸졸 흐르게 하라 _ 제이슨 데이 • 51
| ADVANCED | 숏 퍼팅은 과감하게 하라 _ 제프 리터 • 52
| ADVANCED | 2단 그린을 정복하는 방법 _ 스튜어트 싱크 • 52
| ADVANCED | 그린 밖에서 퍼팅하는 방법 _ 닉 프라이스 • 54
| ADVANCED | 오르막과 내리막의 이중경사일 때는 두 퍼트로 나눠라 _ 톰 왓슨 • 58
| FITNESS TIP | 둔근 강화 운동으로 허리 부상을 방지하라 _ 마크 베르스테겐 • 59

02 CHIPPING 칩핑

- **칩핑의 이해** • 62

- **연습 팁** • 64
  - BASICS 칩샷을 하는 방법 _ 토드 앤더슨 • 64
  - BASICS 셋업을 할 때 몸의 왼쪽을 견고하게 하라 _ 폴라 크리머 • 66
  - BASICS 칩핑을 견고하게 하기 위해서는 왼손목을 꺾지 마라 _ 데이비드 리드베터 • 67
  - BASICS 칩핑을 할 때 손의 느낌을 감지하라 _ 딘 라인무스 • 68
  - BASICS 칩핑의 느낌을 향상시키기 위해서는 탁구의 백핸드 스트로크를 연상하라 _ 스탠 어틀리 • 69
  - BASICS 칩핑 시 손목 꺾임을 방지하는 연습 _ 릭 스미스 • 71
  - ADVANCED 깔끔한 칩샷을 하기 위해 X자 모양을 만들어라 _ 롭 애킨스 • 72
  - ADVANCED 손목 각도를 유지하라 _ 필 미켈슨 • 73
  - ADVANCED 컨트롤을 잘하려면 다양한 클럽을 사용하라 _ 로레나 오초아 • 74
  - ADVANCED 짧은 거리일수록 그립을 내려 잡아라 _ 세르히오 가르시아 • 76
  - ADVANCED 칩샷을 잘하려면 몸을 회전하라 _ 행크 헤이니 • 77

- **실전 전략** • 78
  - BASICS 그린 주변에서는 적정한 클럽을 선택하라 _ 부치 하면 • 78
  - BASICS 그린 바로 주위에서는 칩핑과 퍼팅 중 무엇을 해야 할까 _ 톰 왓슨 • 80
  - BASICS 먼 거리에서 칩핑을 할 때는 빠르게 굴려라 _ 데이비드 톰스 • 81
  - BASICS 볼이 떨어지는 지점과 굴러가는 모습을 머릿속에 그려라 _ 짐 플릭 • 82
  - BASICS 깊은 러프에서는 클럽을 가속시키기 위해서 벙커샷처럼 플레이하라 _ 스티브 스트리커 • 83
  - ADVANCED 볼이 발보다 높거나 낮을 때 칩핑하는 방법 _ 톰 왓슨 • 84
  - ADVANCED 오르막 경사에서의 칩핑은 쓸어 쳐라 _ 데이비드 리드베터 • 86
  - ADVANCED 그린 주변 내리막 경사에서는 퍼터를 사용하라 _ 부치 하면 • 88
  - ADVANCED 꼭 세이브를 해야 되는 상황이라면 _ 아니카 소렌스탐 • 91
  - ADVANCED 중압감 속에서 홀에 붙이는 칩핑 방법 _ 어니 엘스 • 92
  - ADVANCED 정확도를 높이기 위해서는 볼이 떨어지는 지점을 정하라 _ 비제이 싱 • 93
  - ADVANCED 그린 주위 러프에서 홀에 가깝게 붙이는 칩핑 방법 _ 닉 프라이스 • 94
  - FITNESS TIP 허벅지 뒤쪽 근육 신축운동으로 자세를 개선시켜라 _ 마크 베르스테겐 • 95

03 PITCHING 피칭

- **피칭의 이해** •98

- **연습 팁** •100
  - BASICS 피치샷을 정복하기 위해서는 손목 코킹을 이용하라 _ 루크 도널드 •101
  - BASICS 왼발을 축으로 회전하라 _ 스탠 어틀리 •103
  - BASICS 그린 주위 조금 먼 곳에서는 피치앤드런샷을 하라 _ 부치 하먼 •104
  - BASICS 한손으로만 연습해서 올바른 감각을 느껴라 _ 제프 오길비 •105
  - BASICS 낮은 탄도의 피치샷 방법 _ 릭 스미스 •107
  - BASICS 높은 탄도의 피치샷 방법 _ 잭 존슨 •108
  - BASICS 프로처럼 피치샷을 하라 _ 부치 하먼 •109
  - BASICS 피치샷의 탄도를 조절하는 간단한 방법 _ 짐 플릭 •110
  - ADVANCED 거리 조절을 향상시키는 방법 _ 데이비드 리드베터 •113
  - ADVANCED 로브샷을 하는 방법 _ 션 폴리 •114
  - ADVANCED 하프스윙으로 까다로운 웨지샷을 하는 방법 _ 필 미켈슨 •116

- **실전 전략** •118
  - BASICS 피치샷을 할 때 긴장을 없애는 방법 _ 스탠 어틀리 •119
  - BASICS 오르막에서의 피치샷 방법 _ 짐 맥린 •120
  - BASICS 내리막에서의 피치샷 방법 _ 토드 앤더슨 •121
  - BASICS 짧은 페어웨이에서의 피치샷 방법 _ 아니카 소렌스탐 •122
  - BASICS 깊은 러프에서는 얼리 코킹을 하라 _ 돈 허터 •123
  - BASICS 착지 후 바로 멈추는 샷을 하는 방법 _ 데이비드 톰스 •124
  - BASICS 러프 안에서 피치샷을 하기 위해서는 넓은 스탠스를 취하라 _ 데이비드 리드베터 •125
  - BASICS 짧은 피치샷을 할 때 긴장을 이겨내고 스윙하는 방법 _ 행크 헤이니 •126
  - BASICS 플롭샷은 클럽페이스가 볼 밑으로 미끄러져 지나가도록 쳐라 _ 스튜어트 싱크 •127
  - ADVANCED 깃대 앞 그린에 여유 공간이 없을 경우 해결책 _ 존 델리 •129
  - ADVANCED 그린 위에 착지시켜 볼을 즉시 멈추는 방법 _ 행크 헤이니 •132
  - FITNESS TIP 피치샷을 할 때 몸의 회전을 돕는 훈련 _ 마크 베르스테겐 •133

04 BUNKER PLAY
벙커 플레이

- **벙커샷의 이해** • 136

- **연습 팁** • 138
  - BASICS 그린사이드 벙커샷의 기본 요소 _ 행크 헤이니 • 138
  - BASICS 탑핑을 하지 않기 위하여 가파르게 스윙하라 _ 짐 맥린 • 139
  - BASICS 클럽이 땅에 박히지 않도록 클럽페이스를 열어라 _ 짐 플릭 • 141
  - BASICS 벙커 탈출 실패를 방지하는 법 _ 아니카 소렌스탐 • 142
  - BASICS 페어웨이 벙커에서는 그립을 내려 잡고 하체를 고정시켜라 _ 어니 엘스 • 144
  - ADVANCED 벙커샷을 잘하려면 코킹과 릴리스를 연습하라 _ 스탠 어틀리 • 147
  - ADVANCED 거리를 조절하기 위해서는 피니시를 조절하라 _ 릭 스미스 • 149
  - ADVANCED 페어웨이 벙커에서 볼을 견고하게 쳐내기 위해서 유리 위에 서 있다고 상상하라 _ 부치 하먼 • 151
  - ADVANCED 페어웨이 벙커샷을 안정되게 하려면 발가락을 안으로 모아라 _ 데이비드 리드베터 • 152

- **실전 전략** • 154
  - BASICS 가파른 경사면에서는 손목을 사용하라 _ 매트 쿠차 • 155
  - BASICS 볼이 모래에 묻혀 있다면 클럽 선택에 신중하라 _ 톰 왓슨 • 156
  - BASICS 볼이 모래에 묻힌 경우의 탈출 요령 _ 이마다 류지 • 158
  - BASICS 젖은 모래나 딱딱한 모래에서 샷 요령 _ 필 미켈슨 • 160
  - BASICS 먼 거리 그린사이드 벙커샷을 할 때는 쓸어 쳐라 _ 레티프 구센 • 162
  - ADVANCED 먼 거리 그린사이드 벙커샷을 할 때는 엉덩이를 밀어라 _ 짐 맥린 • 165
  - ADVANCED 오르막 경사에서의 벙커샷 방법 _ 필 미켈슨 • 167
  - ADVANCED 내리막 경사 벙커샷은 몸을 낮춰라 _ 톰 왓슨 • 168
  - ADVANCED 벙커 턱 밑에 있는 경우 볼이 튀어 오르도록 쳐라 _ 데이비드 톰스 • 171
  - ADVANCED 아주 짧은 벙커샷을 하는 방법 _ 부치 하먼 • 172
  - ADVANCED 페어웨이 벙커에서는 드로우 구질로 쳐라 _ 릭 스미스 • 174
  - FITNESS TIP 벙커샷을 잘하려면 하체 고정 운동을 하라 _ 마크 베르스테겐 • 175

05 IRONS 아이언

- **아이언샷의 이해** •178

- **연습 팁** •180
  - BASICS 그립 잡는 방법: V자를 점검하라 _ 짐 맥린 •181
  - BASICS 스윙을 할 수 있는 튼튼한 발사대를 만들어라 _ 션 폴리 •182
  - BASICS 스윙을 매끄럽게 시작하는 방법 _ 폴 케이시 •183
  - BASICS 백스윙을 향상시키는 연습 방법 _ 톰 왓슨 •184
  - BASICS 다운스윙은 하체로 리드하라 _ 토드 앤더슨 •186
  - BASICS 정확한 임팩트를 만드는 데 초점을 맞춰라 _ 스튜어트 싱크 •189
  - ADVANCED 너클(손가락 관절)이 지면을 향하게 하라 _ 짐 맥린 •190
  - ADVANCED 스윙궤도를 향상시키기 위해서 헤드커버를 사용하라 _ 행크 헤이니 •191
  - ADVANCED 더 큰 파워를 내려면 엉덩이를 열어라 _ 매트 쿠차 •192
  - ADVANCED 슬라이스가 날 때는 클럽페이스가 하늘을 향하게 하라 _ 데이비드 리드베터 •193
  - ADVANCED 롱 아이언을 칠 때는 힘을 빼고 길게 친다고 생각하라 _ 제프 오길비 •197

- **실전 전략** •198
  - BASICS 프리 샷 루틴에 주의를 기울여라 _ 리 웨스트우드 •198
  - BASICS 드로우와 페이드 구질을 쉽게 만드는 방법 _ 데이비드 리드베터 •199
  - BASICS 러프에서는 페이드샷을 구사하라 _ 어니 엘스 •200
  - BASICS 러프에서는 잔디의 저항을 피하기 위해 가파르게 스윙하라 _ 부치 하먼 •202
  - ADVANCED 아이언 샷의 탄도를 조절하는 방법 _ 조너선 비어드 •204
  - ADVANCED 내리막 경사에서는 앞발에 체중을 실어라 _ 톰 왓슨 •207
  - ADVANCED 오르막 경사에서는 체중을 타깃 쪽으로 밀어라 _ 짐 맥린 •209
  - ADVANCED 볼이 발보다 낮을 때는 엉덩이부터 상체를 더 숙여라 _ 토드 앤더슨 •210
  - ADVANCED 볼이 발보다 높을 때는 그립을 짧게 잡아라 _ 부치 하먼 •212
  - ADVANCED 뒤바람이 불 때는 강하게 쳐라 _ 톰 왓슨 •214
  - ADVANCED 맞바람일 때 넉다운샷을 쳐라 _ 파드리그 해링턴 •215
  - ADVANCED 바닥이 단단하고 짧은 잔디 위에서 견고하게 치는 방법 _ 닉 프라이스 •216
  - FITNESS TIP 아이언샷을 향상시키는 엉덩이 교차 운동 _ 마크 베르스테겐 •217

06 WOODS & HYBRIDS
우드 & 하이브리드

- **우드&하이브리드샷의 이해** · 220

- **연습 팁** · 222
  - BASICS 몸을 세워서 힘을 빼고 편안한 준비 자세를 취하라 _ 잭 니클라우스 · 223
  - BASICS 하이브리드나 우드로 티샷을 할 때는 티 높이가 중요하다 _ 행크 헤이니 · 224
  - BASICS 페어웨이 우드로 지면을 쓸어라 _ 로레나 오초아 · 226
  - BASICS 3번 우드의 탑핑을 막아라 _ 부치 하먼 · 228
  - BASICS 하이브리드 클럽을 치는 방법 _ 행크 헤이니 · 230
  - BASICS 하이브리드를 칠 때는 하체를 안정시켜라 _ 짐 플릭 · 233
  - ADVANCED 우드와 하이브리드는 볼을 올려치지 말고 내려치는 기술을 습득하라 _ 랜디 스미스 · 234
  - ADVANCED 하이브리드 클럽을 잘 치기 위해서는 아이언샷을 생각하라 _ 데이비드 리드베터 · 235
  - ADVANCED 스윙을 서두르지 않기 위해서는 등이 타깃을 향하도록 하라 _ 톰 왓슨 · 236

- **실전 전략** · 240
  - BASICS 3번 우드로 티샷 하는 방법 _ 아니카 소렌스탐 · 241
  - BASICS 하이브리드 클럽으로 티샷 하는 방법 _ 닉 프라이스 · 243
  - BASICS 페어웨이 우드샷을 성공시키려면 80%의 힘으로 스윙하라 _ 어니 엘스 · 245
  - BASICS 도그렉 홀에서는 페어웨이 우드가 안성맞춤이다 _ 레어드 스몰 · 246
  - ADVANCED 러프에서 하이브리드 대신 페어웨이 우드를 사용할 때 _ 돈 허터 · 248
  - ADVANCED 러프에서 탈출하기 위해서는 하이브리드 클럽을 사용하라 _ 로레나 오초아 · 251
  - ADVANCED 페어웨이 우드로 최상의 샷을 만드는 방법 _ 케빈 나 · 252
  - ADVANCED 페어웨이 벙커에서는 하이브리드 클럽으로 탈출하라 _ 닉 프라이스 · 255
  - ADVANCED 페어웨이 벙커에서는 하이브리드 클럽이 현명한 선택이다 _ 부치 하먼 · 256
  - ADVANCED 그린 주위에서 하이브리드를 사용하는 방법 _ 토드 해밀턴 · 257
  - FITNESS TIP 스윙 연속동작을 향상시키는 운동 _ 마크 베르스테겐 · 258

07 DRIVER 드라이버

● 드라이버샷의 이해 • 262

● 연습 팁 • 264

| BASICS | 그립은 자연스럽게 잡아라 _ 잭 니클라우스 • 265
| BASICS | 드라이버샷의 제 1 규칙: 볼의 위치 _ 부치 하먼 • 266
| BASICS | 힘차게 치기 위해서는 볼 뒤에 셋업을 하라 _ 데이브 필립스 • 267
| BASICS | 백스윙 때 어깨회전을 최대한 많이 하라 _ 스튜어트 싱크 • 268
| BASICS | 백스윙 톱까지 올바르게 스윙하는 방법 _ 리키 파울러 • 271
| BASICS | 다운스윙의 시작은 몸의 왼쪽 면으로 하라 _ 릭 스미스 • 272
| BASICS | 한 동작으로 스윙하라 _ 라이언 무어 • 274
| BASICS | 스윙할 때 균형을 잡아라 _ 존 홈스 • 275
| BASICS | 힘이 실린 스윙을 하기 위해서는 빗자루로 스윙하라 _ 랜디 스미스 • 276
| ADVANCED | 백스윙 톱에서 한 박자 멈춰라 _ 션 폴리 • 278
| ADVANCED | 거리를 더 내려거든 아크를 더 크게 하라 _ 데이비드 리드베터 • 280
| ADVANCED | 템포 향상을 위해 헤드커버를 사용하라 _ 마틴 레어드 • 282
| ADVANCED | 강한 임팩트를 만드는 방법 _ 스튜어트 애플비 • 283
| ADVANCED | 드라이버를 똑바로 치는 방법 _ 아니카 소렌스탐 • 284
| ADVANCED | 정확도를 높이려면 코킹을 일찍 하라 _ 이안 폴터 • 286

● 실전 전략 • 288

| BASICS | 자신의 강점을 이용해서 플레이하라 _ 톰 왓슨 • 288
| BASICS | 좁은 페어웨이에서 드라이버를 치는 방법 _ 프레드 펑크 • 291
| BASICS | 페어웨이가 좁은 홀에서 드라이버를 칠 때는 침착하라 _ 어니 엘스 • 292
| ADVANCED | 드로우샷은 티를 높게 꽂아라 _ 짐 맥린 • 294
| ADVANCED | 페이드샷은 티를 낮게 꽂아라 _ 짐 맥린 • 295
| ADVANCED | 왼쪽으로 휘는 도그렉 홀에서의 드라이버샷 요령 _ 헌터 마한 • 296
| ADVANCED | 오른쪽으로 휘는 도그렉 홀에서의 드라이버샷 요령 _ 루카스 글로버 • 297
| ADVANCED | 페어웨이 한가운데로 치는 방법 _ 부치 하먼 • 299
| ADVANCED | 훅을 교정하는 방법 _ 그래엄 맥도웰 • 300
| ADVANCED | 왼손등으로 클럽페이스를 조절하라 _ 스티브 스트리커 • 302
| ADVANCED | 바람 부는 날에는 볼을 눌러 치는 느낌으로 샷을 하라 _ 제리 켈리 • 303
| ADVANCED | 티샷을 100야드 더 멀리 치는 방법 _ 더스틴 존슨 • 304
| FITNESS TIP | 비거리 증가를 위해 볼을 던지는 연습을 하라 _ 마크 베르스테겐 • 305

08 THE NEXT STEP

골프 상식

좋은 에티켓을 위한 10가지 룰 _ 아놀드 파머 • 309

당신이 알아야 할 규칙들 _ 론 카스프리스크(골프 다이제스트 룰 편집자) • 311

클럽에 관한 지식 _ 마이크 스타추라(골프 다이제스트 골프장비 편집자) • 313

적절한 골프 복장을 갖춰라 _ 마티 헤켈(골프 다이제스트 스타일 편집자) • 315

골프 코스에 나갈 준비가 되었을 때 _ 피트 핀치, 매트 지넬라(골프 다이제스트 선임 편집자) • 317

워밍업의 목적: 볼을 견고하게 치기 위함 _ 데이비드 리드베터 • 319

연습보다 실전 플레이를 많이 하라 _ 쟈니 밀러 • 319

당신의 플레이 스타일을 고수하라 _ 저스틴 레너드 • 321

80% 이상의 힘으로 스윙하지 마라 _ 닉 팔도 • 321

경쟁에 관한 조언 _ 마이클 조던 • 323

자신에게 맞는 티잉 그라운드를 선택하는 방법 _ 골프 다이제스트 편집부 • 324

극도의 긴장감을 극복하는 방법 _ 쟈니 밀러 • 324

만일 생크가 발생한다면 도움을 청하라 _ 짐 맥린 • 325

요청하지 않은 조언은 무시하라 _ 밥 로텔라 박사 • 325

당신의 첫 번째 토너먼트를 준비하는 방법 _ 맥스 에들러(골프 다이제스트 스태프 작가) • 327

스코어에 신경 쓰지 말고 이기기 위해 플레이하라 _ 헌터 마한 • 328

혼자 해결하려고 하지 마라 _ 부치 하먼 • 329

FOREWORD
데이비드 리드베터

나는 〈골프 다이제스트〉와 20년 가까이 교류해 온 것을 자랑스럽게 생각한다. 돌이켜 생각해보면 이 잡지를 통해 골프 교습에 대한 방대한 정보가 편찬된 것을 볼 때 놀라움을 금할 수 없다. 1950년 이후 골프 다이제스트에서 생산한 수많은 자료들은 골프지식에 목말라 있던 사람들에게 큰 반향을 불러 일으켰다. 내 경험으로 볼 때 골프 다이제스트 구독자들은 열정을 가지고 플레이 한다는 것을 확신할 수 있다. 스포츠에 대한 그들의 감정은 완전한 기쁨에서 완전한 좌절까지 넘나들기도 한다. 나는 가끔 골프 다이제스트 독자들이 단 한 가지 마법 같은 팁으로 생애 최저 타수를 기록할 라운드를 꿈꾸며 매월 자신을 향상시키기 위해 이 잡지를 계속 찾고 있지 않나 생각한다. 아마도 이러한 점이 골프 다이제스트가 성공적으로 많은 사람들에게 읽혀지는 이유가 아닌가 싶다.

하지만 나는 골프 다이제스트가 전하는 메시지가 이것이 전부는 아니라는 것을 상기시켜주고 싶다. 그 이면에는 독자들이 지속적으로 골프 다이제스트를 찾게끔 노력한 사람들이 있다. 골프 다이제스트의 기고가 리스트를 보면 세계 최고의 투어프로들과 교습가들이 포진해 있는데, 이는 대단한 정도가 아니라 타의 추종을 불허하는 것이다. 골프 다이제스트는 수 년 동안 골프의 모든 면에서 엄청난 영향을 끼쳐 왔는데, 이는 명쾌하고 정확하며 정통에서 벗어나지 않는 레슨을 위해 노력해 온 편집자들과 티칭 전문가들 덕분이다. 그리고 골프를 배우는 새로운 접근법을 알려주고, 스윙에 대한 심도 있는 기사와 논쟁을 제공하며, 다양한 수준의 골퍼들에게 수천 가지의 팁을 가르쳐주면서 명실공히 세계 각국에서 출간되는 골프 전문 잡지의 기준을 마련하게 되었다. 골프 다이제스트는 수백만 명의 사람들에게 셀 수 없을 만큼 많은 즐거움과 골프에 대한 끊임없는 정보를 제공해 주었다.

이 책도 같은 맥락에서 출간되었다. 세계 최고의 투어프로들과 교습가들의 레슨부터 골프 다이제스트 역대 최고의 레슨들까지 모두 집대성하여 탄생하게 되었다. 감히 세계에서 가장 훌륭한 레슨들을 집대성해 놓았다고 자신할 수 있다.

여러분이 지금껏 읽어왔던 많은 골프 교본과는 달리 이렇게 훌륭한 내용이 발췌된 이 책은 논리적일뿐만 아니라 골프를 배우려는 사람들에게 가장 도움이 되는 방법들을 중심으로 구성했다는 점이 자랑이다. 이 책은 퍼팅 레슨부터 시작해서, 숏 게임, 아이언, 페어웨이 우드&하이브리드, 그리고 마지막으로 드라이버 순으로 진행된다. 즉, 골프는 퍼팅 그린에서 거꾸로 티잉 그라운드로 가는 순서대로 배우고 연습해야 한다는 것이다. 실제로 골프는 그린과 그린 주변에서 가

데이비드 리드베터가 그의 스타 제자 중 하나인 미셸 위에게 조언을 하고 있는 모습

장 많은 타수를 치기 때문에 드라이버 비거리를 얼마나 멀리 보내야 하나를 고민하기 보다는 퍼팅과 숏 게임 기술을 배워야 하는 것이 당연하기 때문이다. 여기서 한 발짝 더 나아가 이 책의 각 장은 2개의 섹션, 즉 '연습 팁'과 '실전 전략'으로 나뉜다. 교습가들은 여러분이 걷기 전에 기어가길 원하고, 뛰기 전에 걷기를 원한다. 만일 여러분이 이 책의 구성을 따라 한다면 골프 실력을 향상시킬 수 있는 최고의 기회를 얻게 될 것이다.

이렇게 위대한 게임에 매료될 수 있는 이유 중 하나는 시행착오를 겪으면서 발전시킬 수 있다는 것이다. 새로운 퍼터나 드라이버 또는 새로운 방법으로 스윙을 해본다든지, 우리가 플레이를 최상으로 할 수 있는 방법이라면 무엇이든지 시도해 볼 수 있는 것이다. 세계 골프계의 아이콘이자 캘러웨이 골프 창업자인 고(故) 엘리 캘러웨이는 이런 말을 한 적이 있다. "여보게 데이비드, 자네와 나는 같은 사업을 하고 있다고 생각하네. 골퍼들에게 희망을 파는 사업 말일세." 이 말처럼, 이 책에서도 우리 모두는 같은 희망을 가지고 있다. 부디 즐겁게 읽어보기 바란다.

INTRODUCTION
밥 카니_골프 다이제스트 수석 편집자

누군가 다음과 같은 말을 한 적이 있다.

"골프를 배우는 것은 바이올린을 배우는 것과 같다. 다시 말해, 배우는 것이 어렵지는 않지만 주위 사람들을 매우 힘들게 한다."

이 책의 목적은 골프를 배우는 과정에서 당신의 주위 친구들과 가족을 힘들게 하지 않을 뿐만 아니라 당신 자신도 고생하지 않도록 하기 위한 것이다. 더 장황하게 설명하기보다 비결을 먼저 말하겠다. 골프를 그린에서부터 티까지 반대 순서로 배우는 것이다. 숏 게임부터 시작해서 롱 게임까지, 지면에 가까운 샷부터 높이 뜨는 샷까지, 짧은 클럽에서 긴 클럽까지 순으로 말이다.

대부분의 골퍼들은 그들이 막 시작한 초보자든 어느 정도 스윙을 익힌 중급자든 간에 골프를 위와는 반대 순서로 배운다. 골프를 가르치는 사람이나 배우는 사람이나 마찬가지이다. 혹시 제대로 준비도 안 된 초보자가 연습장에서 드라이버샷을 하는 것을 본 적이 있는가? 이건 정말이지 소용없는 짓이다. 바이올린을 처음 배우는데 첫날부터 파가니니 카프리스 13번 같이 어려운 곡을 연주하는 것과 마찬가지이다. 전설적인 골퍼 바비 존스는 "골프의 비밀은 3타 칠 것을 2타로 줄이는 것인데, 그러려면 숏 게임을 가장 우선시하는 자세가 매우 중요하다." 라고 말한 바 있다. 만일 당신이 90타를 치는 골퍼라면, 이 스코어가 아마추어에서는 나쁜 편은 아니다. 하지만 골프 리서치 회사 〈샷 바이 샷〉의 사장인 피터 샌더스에 따르면, 185,000회의 아마추어 라운드를 분석한 결과 90타 중에서 숏 게임 타수가 절반이 넘는 46타에 달했다.

이렇게 짧은 샷을 먼저 배우게 되면 초보자들도 쉽게 할 수 있고, 그 다음 점점 더 어려운 클럽도 잘 사용할 수 있게 된다. 대부분의 아마추어들의 문제점이란 볼을 공중으로 띄우지 못하는 것이다. 하지만 지면에서 낮은 샷을 먼저 익히게 되면 볼을 띄우는 것은 자연스럽게 이루어지기 때문에 그리 문제가 되지 않는다.

이 책의 이러한 구성이 가장 짧은 클럽부터 가장 긴 클럽까지 잘 익힐 수 있게 해줄 것이다. 왜냐하면 짧은 클럽일수록 더 쉽게 컨트롤 할 수 있기 때문이다. 그러므로 처음부터 다루기 힘든 긴 클럽부터 배울 필요가 없는 것이다.

또한 이것은 초보자에게만 국한된 것이 아니다. 숙련된 골퍼들과 싱글 핸디캐퍼 또는 투어 프로들까지도 연습해야 하는 방법이며, 그들의 게임을 정상적인 궤도에 올려놓기 위해서는 이 방법을 따라 해야 한다. 전 PGA 투어 스타이자 NBC 인기 방송인 로저 몰트비는 골프의 비밀을

"첫째도 거리, 둘째도 거리, 셋째도 거리이다."라고 말했다. 하지만 지금은 완전히 바뀌었다. 얼마나 멀리 치느냐가 중요한 게 아니라 타깃에 얼마나 가깝게 붙이느냐가 최우선이라고 강조한다. 60야드 샷, 40야드 샷, 20야드 샷을 알아야 스코어를 줄일 수 있다는 것이다.

그러면 어떻게 이러한 거리를 정확하게 칠 수 있을까? 가장 컨트롤 하기 쉬운 짧은 샷을 먼저 연습하고, 그 다음 더 어려운 샷에 도전하기 위해 노력하면 된다.

자, 지금까지는 숏 게임에 대해 역설했지만 이 책은 그 외에도 많은 중요한 내용을 담고 있다. 사실 이 책의 많은 부분은 풀스윙에 관해 기술하고 있다. 하지만 짧은 샷을 잘 숙지하면 긴 샷들은 더 쉬워질 것이다. 이것이 바로 많은 훌륭한 스승들이 그들의 제자들에게 가르치는 방법이다. 처음에 퍼팅 그린에서 시작해서 타석으로 옮겨 가야 한다. 하지만 불행하게도 일반 교습서들은 그런 순서로 레슨을 하지 않는다. 골프 다이제스트에서 이 책을 발간하게 된 것도 그 이유 때문이다.

이 책은 최고의 선수들을 가르쳐 온 훌륭한 코치들과 투어프로들이 매달 골프 다이제스트에 헌신적으로 기고한 주옥같은 내용을 발췌했다는 장점이 있다. 세계 최고의 티칭 프로들, 부치 하먼을 비롯해서 데이비드 리드베터, 행크 헤이니, 짐 맥린 등이 참여했고, 스포츠 심리학자 밥 로텔라 박사, 지오 발리안트같이 투어에서 많은 챔피언들을 가르쳤던 스승들의 노하우를 실었다. 또한 각 장에서 연습 팁과 실전 전략 외에도 심리적인 면도 심도 있게 다루었다. 더욱이 최상의 스윙 방법을 보여줄 수 있는 필 미켈슨, 리키 파울러, 루크 도널드, 잭 니클라우스, 톰 왓슨, 아놀드 파머, 그리고 데이비드 톰스까지 이 책의 플레잉 에디터로 참여했다.

당신은 분명 이 책의 매력에 흠뻑 빠질 것이다. 이 책을 통해 골프를 올바른 방법으로 배우게 될 것이며, 쉬운 것부터 어려운 것까지 차근차근 성공적으로 섭렵할 것이다. 이제 스코어를 낮추기 위해서는 이 책에서 말하는 핵심 사항을 잊지 않고 기억해내는 일만 남았다.

PREFACE
김해천_PGA Class A Member

누군가 골프를 잘 할 수 있는 획기적이고도 분명한 비결을 묻는다면 나는 쉽게 대답하지 못할 것이다. 아무리 훌륭한 골프 이론도 모든 사람에게 같은 방식으로 적용되지는 않기 때문이다.

현대 사회에서는 여러 경로를 통해 골프 스윙에 관한 수많은 정보를 접할 수 있다. 특히 요즘처럼 인터넷이 발달한 시대에는 더욱 그렇다. 그러나 나에게 꼭 필요한 정보를 발견하더라도 그것을 나 자신의 골프 스윙에 스스로 적용시키는 일은 거의 불가능에 가깝다. 왜냐하면 그 과정에는 반드시 새로운 느낌에 대한 적응과 반복 연습을 위한 시간, 그리고 성공적인 결과에 대한 확신이 있어야 하기 때문이다. 그래서 골프는 독학이 어려운 것이다

이처럼 골프를 제대로 익히는 것은 매우 어려운 일이지만 그것을 쉽게 해결하는 유일한 방법이 있다. 위와 같은 과정에 능통한 교습가와 함께하는 것이다. 그들은 수많은 티칭 경험을 통해서 얻은 가장 효과적인 방법을 알고 있기 때문에 시행착오로 인한 시간 낭비를 하지 않고 목적을 달성할 수 있도록 여러분을 도울 수 있다.

그런 면에서 이 책은 골프 최고의 해결사들과 실전에 탁월한 투어프로들이 〈골프 다이제스트〉를 통해 심혈을 기울여 기고한 내용을 엮어서 만든 현대 골프에서 가장 중요하고 독보적인 레슨서라 할 수 있다. 어느 한 부분도 간과할 수 없이 모든 구절을 머리에 꼭 담아야 하는 주옥같은 내용들이 가득하다.

각 파트는 퍼팅, 칩핑, 피칭, 벙커 플레이, 아이언, 페어웨이 우드&하이브리드, 드라이버 등 각 클럽별 필요한 모든 기술을 다양하게 소개하고 있다. 이 책의 특징을 꼽자면, 세계 최정상급 교습가들이 선수들을 가르치는 방법의 흐름을 따르고 있다는 것이다. 즉, 그린 플레이부터 시작해서 티잉 그라운드 플레이로 진행하는 것이다. 이것은 초보의 접근 방법이 아니다. 이것은 위대한 선수라면 누구나 경기 후 게임을 복기하고 부족한 부분을 개선하기 위해 사용하는 방법이다. 골프의 요소 중에서 퍼팅과 숏 게임이 스코어에 가장 밀접하며, 선수들이 스코어를 낮추기 위해 고민하는 가장 첫 번째 부분이기도 하다. 이 책이 퍼팅과 숏 게임부터 구성을 진행하는 이유는 지금껏 출간된 비슷비슷한 수많은 골프 교본의 틀에서 벗어나기 위해 골프에서 가장 기본이 되는 원리에 충실한 골프 다이제스트의 방식인 것이다.

이렇게 훌륭한 책을 번역하는 것은 나에게 매우 의미 있는 일이었고, 20년 넘는 나의 티칭 이론을 다시 한 번 정립해볼 수 있는 매우 소중한 시간이었다.

Golf Digest

01 퍼팅
PUTTIN

오거스타 내셔널 골프클럽에서 열린 2011 마스터스 토너먼트 최종 라운드 16번 홀에서 내리막 롱 퍼트를 시도하고 있는 루크 도널드

퍼팅의 이해

퍼팅을 이해하는 데 가장 중요한 점은 퍼팅에는 한 가지 방법만 있는 것은 아니라는 점이다. 실제로 퍼팅을 성공적으로 하기 위한 방법은 리스트를 작성할 정도로 매우 다양하다. 퍼팅은 다른 운동과는 달리 좌뇌보다는 우뇌의 영향을 많이 받는다. 즉, 뇌의 논리적이고 분석적인 기능보다는 예술적이고 창조적이며 감각적인 기능이 더 많이 작용한다. 어떤 골퍼들은 롱퍼터를 사용하기도 하고, 또 어떤 골퍼들은 퍼팅 그립을 마치 페인트붓 잡듯이 잡기도 한다. 심지어 세계 골프계의 거장 샘 스니드는 타깃라인과 평행으로 서서 하는 일반적인 방식이 아닌 몸이 홀컵을 바라보는 특이한 퍼팅 자세로도 유명했다.

이처럼 퍼팅을 하는 방법은 다양하지만 누가 어떤 방식으로 스트로크를 하든 상관없이 몇 가지 기본 정석은 동일하다. 예를 들면, 퍼팅을 잘하는 선수들 중 극소수만이 스트로크를 할 때 머리를 움직인다. 퍼팅을 잘하는 대부분의 선수들은 클럽을 가볍게 잡는 특징이 있다. 그리고 퍼터페이스가 볼을 치는 순간 궤도와 직각(스퀘어)을 이루지 않으면 퍼팅을 잘 하는 골퍼가 될 수 없다.

이제 이 파트의 내용을 읽고 연습 팁과 실전 전략을 숙지하면 어떤 퍼터를 사용하거나 어떤 퍼팅 스타일을 구사하든 관계없이 퍼팅 실력이 많이 향상될 수 있을 것이다.

▶▶▶ 다음 페이지
브라이언 게이의 퍼팅 연속 동작

40% 당신의 실력 고하를 막론하고 한 라운드 당 자신의 총 타수 중 약 40%는 퍼팅이 차지한다.

- 일반적인 통계에 따르면, 투어프로는 한 라운드 당 평균 퍼트수가 29개이지만, 핸디캡 20 정도인 아마추어의 경우에는 평균 37개 정도의 퍼트를 한다.
- 10m가 넘는 거리에서 퍼트를 해서 홀 반경 1m 안에 볼이 들어갈 수 있도록 집중해서 연습하라.
- 3m 이내 퍼트의 경우 투어프로는 85%의 성공률을 보이지만, 아마추어는 40% 정도밖에 되지 않는다.

1	2
3	4

01

퍼팅

퍼팅의 이해

연습 팁 PRACTICE TIPS

BASICS

퍼터 그립을 잡는 방법
— 스탠 어틀리

만일 당신의 퍼팅 스트로크에 별 문제가 없다면, 다음 두 가지 기초를 견고히 다지기만 해도 퍼팅의 달인이 될 수 있다. 첫째, 아래 왼쪽 사진과 같이 퍼터의 그립 부분이 오른 팔뚝 아래로 내려가지 않고 같은 선상에 있도록 하는 것이다. 이것은 퍼터가 올바른 궤도 위에서 쉽게 움직이도록 도와준다.

둘째, 그립이 양 손바닥의 생명선을 지나도록 잡고 손가락 끝을 이용하여 고정시키는 것이다. 당신이 동전을 공중에 던질 때 그 동전을 손바닥 위에 놓고 던지지 않고, 던지는 느낌을 알기 위해서 손가락 쪽에 놓고 던지는 것과 같다. 이것은 퍼팅을 할 때도 마찬가지이다.

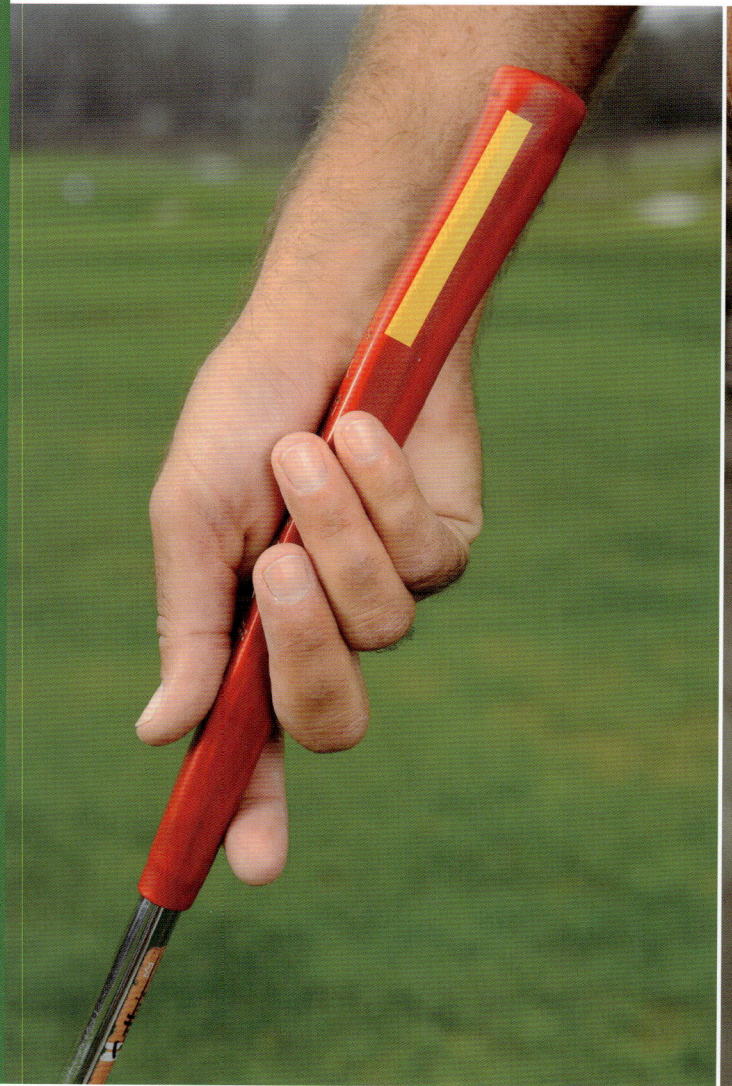
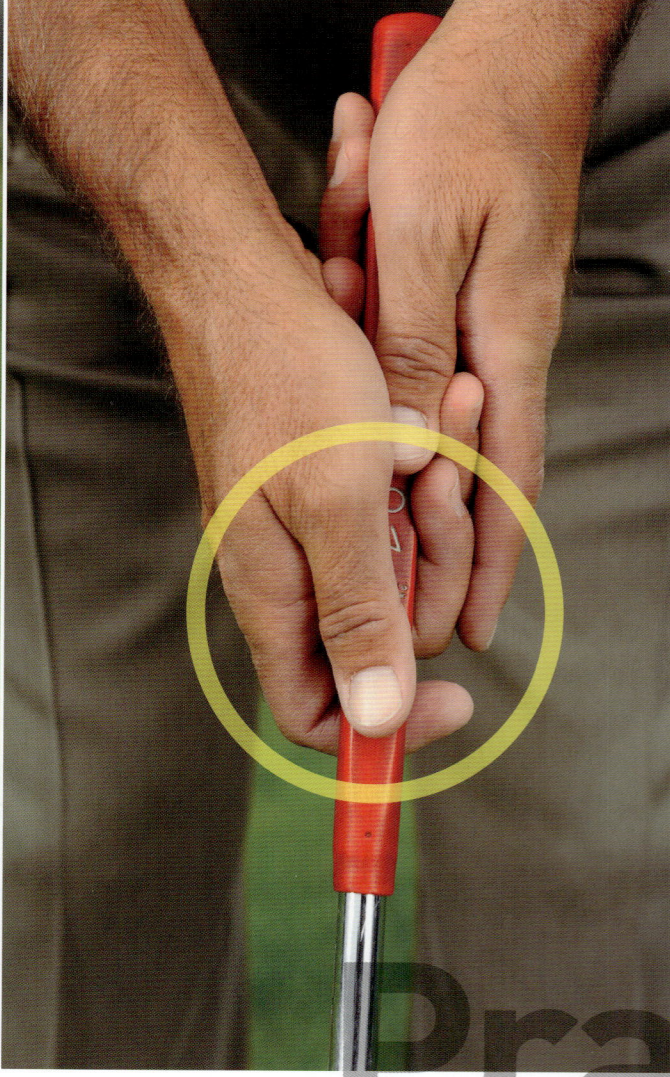

BASICS

왼손으로 리드하라
– 데이브 스탁턴

만약 농구에서 자유투를 할 때 오른손으로만 시도해보면, 왼손의 가이드 역할이 필요하다는 것을 깨닫게 될 것이다. 그린 위에서도 마찬가지이다. 왼손은 방향키로서의 역할을 하기 때문에 오른손만큼 중요하다.

왼손 리드 연습 방법으로는 왼손으로만 퍼팅 연습을 하거나 임팩트 후 타깃라인 선상에 왼손이 와야 할 위치에 보조 클럽을 대고 연습하는 것이 좋다. 아래 사진과 같이 임팩트 후에 왼손가락이 아닌 왼손등이 보조클럽 끝과 부딪쳐야 한다.

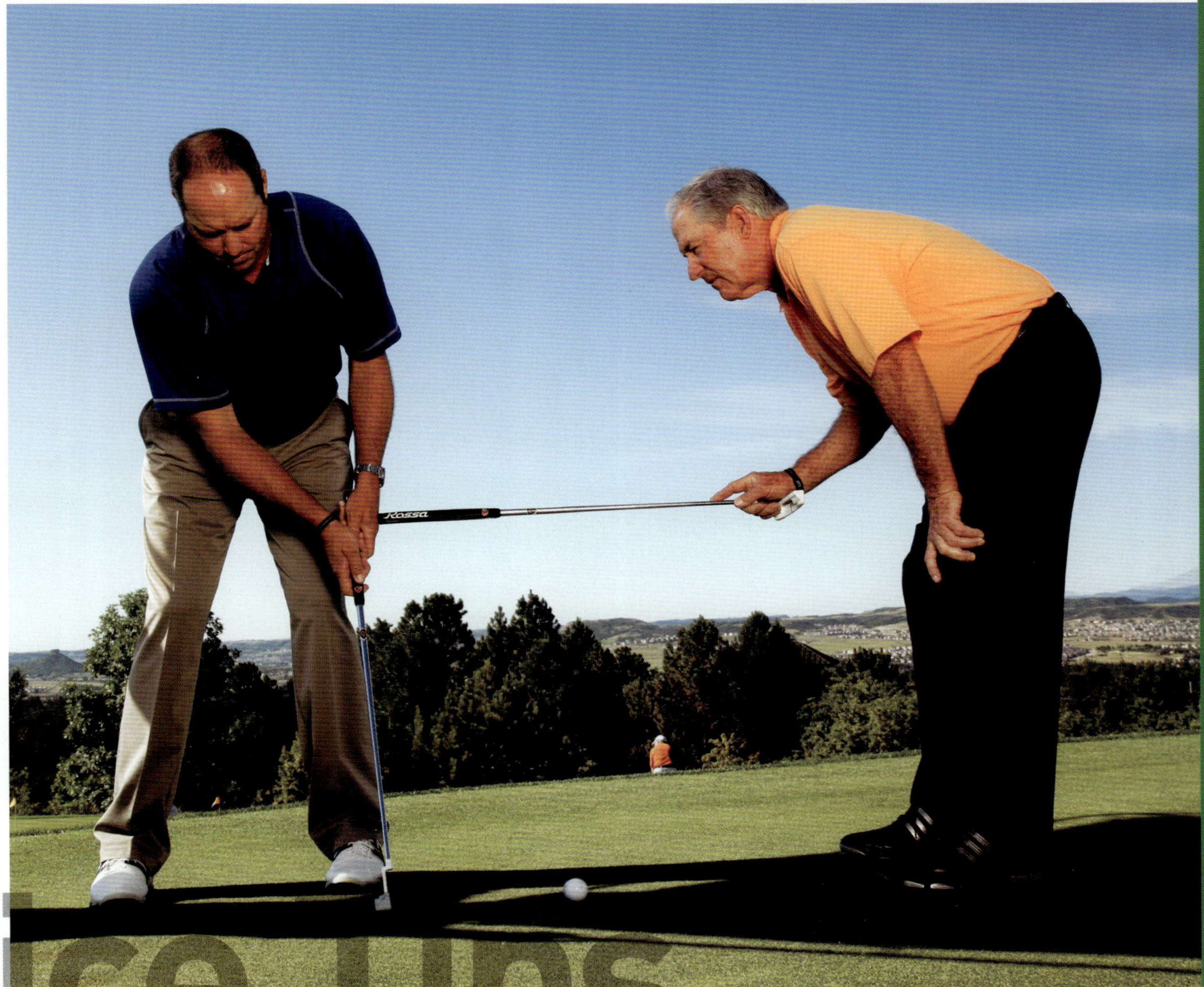

BASICS

볼을 똑바로 굴리려면 팔꿈치를 안으로 향하게 하라

– 데이비드 리드베터

일반 골퍼들이 풀스윙 샷을 할 때 약 75% 이상이 슬라이스가 나는데, 퍼트를 할 때도 마찬가지로 3/4 정도의 골퍼들이 슬라이스를 낸다고 말할 수 있다. 퍼팅을 할 때 아웃사이드 인으로 깎아 치는 골퍼는 절대로 일관성 있는 퍼트를 할 수 없고, 볼이 굴러가는 정도를 판단할 수도 없다.

볼을 똑바로 굴리기 위해서는 가슴, 어깨, 손, 팔의 조화로운 움직임으로 퍼터를 조절하는 방법을 알아야 한다. 먼저 양 손바닥을 마주해서 그립을 잡고 양 팔꿈치를 흉곽 부분에 편안하게 붙인다. 숏 퍼트를 할 때는 어깨를 사용해서 백스윙을 하되 양팔과 양손이 한 덩어리가 된 채로 가슴 앞에 머무르게 하고, 어깨는 위 아래로 견고하게 움직이도록 해야 한다.

> **프리 샷 루틴**
> 나는 한 번도 루틴을 만들어서 해본 적이 없지만, 준비가 되기 전까지는 절대로 퍼트를 하지 않았다. 나는 퍼트를 할 때 오른손으로 퍼터를 잘 조절하기 위해 좋은 느낌을 가지는 것과 악력이 가벼운지에 대한 확신을 갖는 데 집중했다. 그리고 항상 올바른 퍼팅라인을 머릿속에 그려보았다. 그렇게 하다 보니 상체를 낮게 숙이는 독특한 폼을 갖게 되었다. 나는 왼쪽 눈이 주시였기 때문에 스탠스를 오픈시키고 상체를 많이 숙여야 퍼팅라인을 가장 잘 볼 수 있었다.
>
> – 잭 니클라우스

`BASICS`

아크를 따라 퍼팅하라
– 릭 스미스

나는 퍼팅 레슨을 할 때 팔을 어깨에서 떨어뜨린 상태에서 그립을 자연스럽게 잡도록 권한다. 퍼팅에 필요한 감각은 손바닥이 아닌 손끝에서 느껴야 하는데, 그렇기 때문에 클럽을 잡는 양손의 위치가 같지 않게 된다.

위 사진에서 보여주는 그립은 양팔과 클럽을 자연스럽게 움직이지 못하게 하는 그립이다. 대부분의 사람들은 왼손을 위크 그립으로, 오른손을 스트롱 그립으로 잡는다. 하지만 그것은 신체의 역학을 거스르는 일이다. 양손은 반드시 중립 그립으로 해야 하며, 부드럽게 잡아야 한다.

BASICS

프로같이 릴리스하라
– 행크 헤이니

클럽헤드를 릴리스하라는 말은 아이언이나 긴 클럽을 스윙할 때는 많이 들어봤겠지만, 그린 위에서 퍼트를 할 때는 별로 들어보지 못했을 것이다.

그러나 대부분의 위대한 선수들은 그린에서도 클럽헤드를 릴리스하는 모습을 볼 수 있다. 특히 마크 오메라와 타이거 우즈가 대표적이다. 나중에 TV나 동영상을 통해 그들의 퍼팅 모습을 보기 바란다. 퍼트를 할 때 임팩트 순간까지는 손목이 절대 구부러지지 않지만, 볼을 친 후 약간 굽어지는 점을 주의 깊게 지켜보기 바란다. 흔들리지는 않지만 그들도 손목이 풀려서 볼을 치고 난 후 퍼터가 홀 쪽으로 이동할 때 왼손목이 분명히 굽어진다.

이것이 바로 내가 사람들에게 가르치고 싶은 점이다. 즉, 볼을 치면서 퍼터헤드가 손을 지나가야 한다. 그렇게 하면 스트로크를 할 때 손목이 경직되지 않고 퍼터헤드가 피니시까지 아무 제약 없이 움직일 수 있다.

빌리 캐스퍼나 바비 로크와 같은 퍼팅의 달인들을 보면 항상 손목이 유연하게 움직이는 것을 볼 수 있다. 그들은 보통 손목을 많이 사용하는 골퍼는 아니었지만, 임팩트를 하는 동안에는 자연스럽게 퍼터를 릴리스하였다.

> **멘탈을 위한 팁**
> 훌륭한 골퍼는 퍼트를 할 때 절대 두려워하지 않는다. 그들은 다음 퍼트가 얼마나 길게 남을지에 대한 걱정을 하지 않는다. 그들은 무조건 첫 번째 퍼트로 끝내려고 시도한다. 만일 당신이 3퍼트에 대한 걱정이 앞서는 스타일이라면, 먼저 마인드부터 바꿀 필요가 있다. PGA 투어에서 발군의 퍼팅 실력을 보여주고 있는 브래드 팩슨은 실패를 두려워하지 말고 자유롭게 스트로크 할 것을 조언한다. 훌륭한 골퍼들은 자신의 생각과 동작을 잘 조절할 수 있어야 한다.
> – 밥 로텔라 박사

ADVANCED

왼쪽 귀로 퍼트하라
– 부치 하먼

숏 퍼트를 놓치는 가장 큰 원인은 볼을 너무 빨리 보려 하기 때문이다. 볼이 굴러가는 것을 조금이라도 더 보려고 하면 머리가 움직이게 되고, 그것은 퍼터페이스가 열리거나 닫히게 하는 원인이 된다.

숏 퍼트는 매우 정확하게 쳐야 한다. 만약 볼이 처음부터 퍼팅라인을 벗어나서 출발한다면 그 퍼트는 분명히 실패할 것이다. 따라서 이런 경우 두 가지에 집중해야 한다.

첫째, 퍼터페이스를 정교하게 에임해야 한다. 경사를 살피고 난 후 볼 쪽에서 볼 때 모든 퍼트를 직선으로 출발할 수 있도록 만들어야 한다. 둘째, 볼을 친 후 왼쪽 귀로 볼이 홀에 떨어지는 소리를 들을 때까지 눈은 하단을 그대로 주시해야 한다. 그렇게 하기 위해서는 머리를 전혀 움직이지 않아야 한다.

> **셋업**
> 볼에 셋업을 할 때 그린 위에 그려진 네모를 생각하라. 그리고 양 발가락이 네모의 양쪽 모서리에 각각 닿게 하고 볼은 반대편 왼쪽 모서리 근처에 놓는다. 이 이미지를 그려보면 스탠스를 타깃라인에 직각이 되도록 할 수 있고, 볼도 왼쪽 눈 아래 적정한 지점에 놓는 데 도움이 된다(왼손잡이는 반대로 하면 된다.).
> — 폴 런얀

ADVANCED
머리를 움직이지 마라
– 브라이언 게이

나는 퍼트를 할 때 볼이 홀에 강하게 들어가게 하지 않는다. 특히 먼 거리에서는 볼이 홀 앞에서 살살 굴러서 들어가게 친다. 이러한 거리 조절로 인하여 두 번째 퍼트는 대부분 쉽게 넣을 정도의 짧은 거리에서 할 수 있게 된다. 이러한 거리 조절 감각을 향상시키는 좋은 연습방법을 소개하겠다.

볼을 친 다음 볼이 타깃을 향해 어느 지점까지 갔는지 확인하기 전에 볼이 멈출 지점을 예측하여 먼저 말을 하고, 그 다음 볼이 실제로 멈춘 거리와 비교해보는 것이다. 이 연습을 할 때는 감각을 높이기 위해서 반드시 장갑을 벗고 해야 한다.

퍼팅에 관한 간략한 정보

당신의 퍼팅 vs 필 미켈슨의 퍼팅
– 피터 샌더스

당신이 50%는 성공할 수 있는 퍼팅 거리는?
아래 표 안에서 당신의 핸디캡에 가장 가까운 숫자를 찾아라. 그리고 그 아래 표에서는 어느 정도의 거리에서 퍼트를 할 때 당신이 50%는 성공해야 하는지 알아보라.

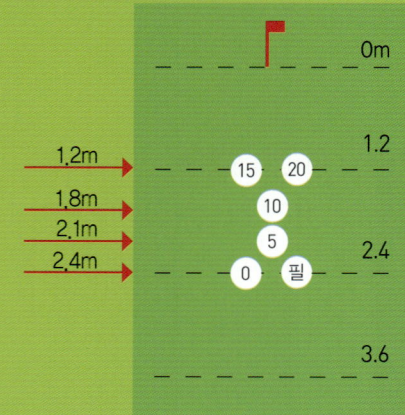

필 미켈슨
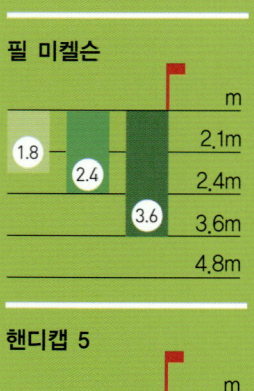

핸디캡 0

핸디캡 5
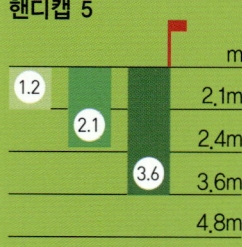

핸디캡 10
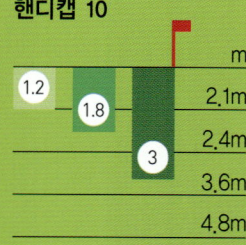

핸디캡 15
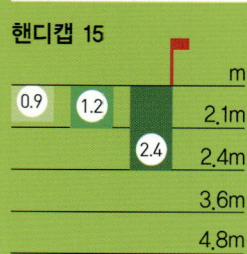

핸디캡 20

ADVANCED

효과 만점 퍼팅 연습방법
– 토드 앤더슨

연습그린 위 약간의 경사가 있는 곳 홀 주위에 위 사진과 같이 12개의 티를 설치한다. 거리는 홀로부터 각각 0.9m, 1.2m, 1.5m 떨어지게 한다.

먼저 0.9m 거리에서 돌아가면서 3회씩 실시한다(12번). 그 다음 1.2m 거리에서 2회씩 실시하고(8번), 마지막으로 1.5m에서 한 번씩 돌아가면서 마무리한다. 이렇게 하면 오르막과 내리막, 그리고 옆 경사에서의 좋은 감각을 가질 수 있다. 그립의 악력을 일정하게 하며, '하나~둘' 박자를 지키면서 리듬을 살려서 퍼트해야 한다. 이때 퍼터의 그립 끝이 퍼트를 하는 동안 몸의 왼쪽 면을 향하게 한다.

이 방법으로 연습하면 자주 범하는 퍼트 실수를 확연히 줄일 수 있다.

ADVANCED

반드시 버디가 필요한 상황에서의 퍼트 요령
– 로레나 오초아

골프의 승부는 버디에 달려 있고, 결국 퍼팅이 그 열쇠를 쥐고 있다. 나는 현역 시절 퍼팅 연습에 가장 많은 공을 들였다. 만일 당신도 클러치 퍼팅(결정적 한 방을 날리는 퍼팅)을 성공시키고 싶다면 다음의 3가지 연습을 추천한다.

❶ 스트로크를 하는 동안 퍼터가 올바른 궤도를 지키게 하기 위해서는 머리를 움직여서는 안 된다. 나의 코치 라파엘은 내가 팔과 퍼터헤드를 앞뒤로 자유롭게 움직이는 동안 머리가 움직이지 않도록 클럽이나 다른 도구들을 이용하여 머리를 고정시켰다. 볼을 치고 나서도 볼이 있었던 자리를 2초 정도 더 바라보고 있어야 한다.

❷ 내가 퍼팅라인을 살펴보고 셋업을 하면, 코치는 내가 볼을 보지 못하도록 손으로 나의 시야를 가리고 훈련을 시켰다. 이 연습을 하면 양팔의 적정한 움직임을 훨씬 잘 느낄 수 있는데, 양팔을 천천히 움직일수록 퍼팅의 일관성이 훨씬 좋아진다. 더불어 거리감을 익히는 데도 큰 도움이 된다. 당신도 혼자 연습할 때는 스트로크를 하기 전에 눈을 감고 퍼트를 하면 이와 같은 효과를 얻을 수 있다.

❸ 이번 연습은 스트로크를 하는 동안 하체가 움직이지 않도록 하는 데 도움이 된다. 일반적인 스탠스를 취한 다음 훈련용 고무볼을 무릎 사이에 끼워 넣는다. 그리고 볼이 바닥에 떨어지지 않도록 하체로 잘 고정시킨다. 이렇게 퍼팅 연습을 하면 스트로크를 일관성 있게 하는 데 필요한 하체의 안정감을 잘 느낄 수 있다.

멘탈을 위한 팁
과감한 퍼팅이 꼭 위험한 건 아니다. 퍼팅에서 가장 중요한 것은 볼을 홀에 넣는 것이고, 그렇게 하기 위해서는 반드시 볼이 홀을 지나가게 쳐야 한다. 나의 전성기 때는 퍼팅을 성공시키지 못하더라도 볼이 홀을 지나가도록 했다. 퍼팅이 계속 짧아진다면 당신은 자신 있게 퍼팅을 하지 못하기 때문에 더 위험에 처할 것이다. 그리고 결국 그린에만 올라가면 자신감을 상실하는 악순환이 되풀이 된다. 퍼팅을 할 때는 항상 홀에 들어갈 가능성이 있도록 홀을 지나가게 쳐야 한다.

– 아놀드 파머

ADVANCED

숏 퍼팅은 '25-75 법칙'을 상상하라
– 필 미켈슨

숏 퍼팅을 할 때는 볼을 약하게 칠 것이 아니라 볼을 향해 클럽헤드를 가속시켜야 하며 매끄럽고 일정한 회전이 일어나도록 해야 한다. 따라서 팔로스루보다 백스윙을 더 짧게 하는 퍼트를 시도하라. 스윙 전체를 100%라고 했을 때 백스윙의 길이를 25%로 하고 팔로스루를 75% 정도로 하되, 퍼트 거리에 따라 다양하게 적용을 시켜야 한다.

볼이 일정하게 굴러가도록 하기 위해서는 볼을 내려치거나 올려치지 말아야 한다. 샤프트의 각도가 어드레스 때와 같은 각도를 유지해야 하며, 퍼터헤드의 높이도 일정해야 한다.

프로의 스윙
내가 생각하는 가장 이상적인 퍼팅 방법은 팔과 클럽을 시계추의 진자운동처럼 매끄럽고 일정한 템포를 지키면서 퍼터페이스가 모든 구간에서 궤도에 직각이 되도록 스윙하는 것이다. 나는 퍼팅을 할 때 가끔 시계추의 진자운동을 상상하는데, 이것은 손목을 쓰거나 손으로 치지 않고 전체 스트로크를 팔을 사용하여 칠 수 있도록 도와준다. 그러면 나의 양팔은 실제로 어깨를 중심으로 움직이게 된다.

– 밥 찰스

ADVANCED

벨리퍼터를 사용하는 방법
– 마크 우드

벨리퍼터를 사용할 때는 그립의 끝이 배꼽 위 2.5~5cm 정도 지점에 안정되게 닿게 한다. 자신에게 길이가 적합하도록 피팅을 통해 샤프트의 길이를 조정하라. 샤프트를 배꼽 위에 잘 고정시키면 스트로크의 최저점은 스탠스의 중간이 될 것이므로 그 위치에 볼을 놓아야 한다. 만일 볼을 너무 앞쪽이나 뒤쪽에 놓게 되면 부정확한 타격이 되는 경향이 있다.

볼을 칠 때 그립 끝이 마지막까지 스윙의 축, 즉 척추를 향해 유지될 수 있도록 집중해야 한다. 더 먼 거리의 퍼팅을 할 때는 세게 치지 말고 스윙을 더 크게 하는 것이 좋으며, 백스윙과 팔로스루의 크기를 같게 해야 한다.

프로의 스윙

나는 롱 퍼팅을 할 때 볼을 잘 굴려서 홀에 붙이는 편이기 때문에 3퍼트가 거의 나오지 않는다. 그 이유는 무엇일까? 나는 숏 퍼팅조차도 볼이 홀의 뒷벽을 강하게 치고 들어가는 것보다는 홀 앞쪽에서 살살 굴러서 들어가게 치기 때문이다.

성공 확률은 개인적인 편차가 있겠지만 퍼트를 더 천천히 할수록 더 많은 퍼트를 성공시킬 수 있다. 만일 홀에 들어가지 않더라도 홀을 멀리 지나쳐 그 다음 퍼트가 부담스러운 것보다는 툭 쳐서 넣을 수 있는 짧은 거리가 남게 된다. 나는 오른손의 감각을 이용해서 홀을 향해 볼을 굴리고 그렇게 할 때 홀로 들어가는 확률이 더 높았다.

– 벤 크렌쇼

멘탈을 위한 팁

퍼팅에 관한 다른 생각

– 론 카스프리스크

만일 당신이 퍼팅을 할 때 거리 조절에 어려움을 겪거나 매끄럽지 못한 스트로크로 인하여 심리적으로 완전히 불안한 입스(yips) 상태가 된다면, 이에 대해 근본적으로 효과가 있는 해결책이 필요할 것이다. 이럴 땐 퍼팅을 할 때 볼을 보는 대신 타깃을 보고 시도하면 효과가 있다. 물론 이 방법에 적응이 되어야 하기 때문에 먼저 연습그린에서 시도해야 한다. 이 방법을 익히고 나면 실제로 퍼팅을 할 때 볼을 직접 내려 보지 않고도 정확하게 칠 수 있게 되며, 복잡한 동작과 기술은 잊고 타깃에만 집중할 수 있기 때문에 매우 효과적이다.

ADVANCED

적정한 스피드로 퍼트하는 방법
– 크리스티 커

골프에서 퍼팅은 내가 좋아하는 분야이고, 당신도 좋아할 수 있도록 배워야 하는 분야이기도 하다. 퍼팅을 자신의 장기로 만드는 가장 좋은 방법은 볼의 속도를 조절하는 데에 능숙해지는 것이다. 만일 볼이 항상 홀 주위 가까이에 있게 된다면 퍼팅이 매우 재미있어질 것이다. 따라서 내가 주로 연습하는 방법도 볼의 속도에 관한 것이다.

먼저 홀을 지나 45cm 떨어진 지점에 클럽을 가로로 놓는다. 이 연습의 목표는 홀인이 되지 않더라도 볼이 굴러서 샤프트에 닿기 전에 멈추도록 치는 것이다. 이렇게 되면 실수를 하더라도 다음 퍼트가 쉬워지기 때문이다. 내가 여기서 배웠던 점은 볼이 약 30cm 정도 홀을 지나치게 쳤을 때 성공률이 가장 좋았다는 것이다.

실전 전략 PLAYING STRATEGY

BASICS

그린을 읽는 최상의 방법

– 행크 헤이니

매번 라운드를 할 때마다 느끼지만, 아마추어들은 그린 위에만 올라가면 퍼팅 라인 상에 마치 신비로운 표시라도 있는지 지나치게 자세히 살피곤 한다. 물론 퍼팅을 하기 전에 경사를 읽는 것은 중요하지만 거리를 고려하지 않으면 실패하게 된다는 것을 잊어서는 안 된다.

퍼팅의 강도는 볼이 경사면을 얼마나 타게 하는지를 결정한다. 따라서 거리를 간과된 채 경사를 읽는다면 좌절감만 느끼게 될 것이다. 만약 당신이 6m 거리의 퍼트를 할 때 경사를 아무리 완벽하게 파악하더라도, 볼을 너무 강하거나 약하게 치면 다음 퍼트가 1~1.5m 거리에 남게 될 것이다. 그렇지만 볼의 속도를 잘 맞추면 경사를 30cm 정도 잘못 읽어도 다음 퍼트를 쉽게 마무리 할 수 있다.

따라서 다음 라운드에서는 롱 퍼팅이나 미들 퍼팅을 할 때 경사를 읽는 것보다는 홀 뒤쪽에서 퍼팅라인을 살피는 것에 좀 더 중점을 두어라. 퍼팅에서는 이 라인이 더 중요하며, 나는 홀을 지나 45cm 정도 거리에 나무판을 설치해 놓았다고 상상하며 퍼팅을 한다. 이렇게 시도하면 미스를 하더라도 다음 퍼트는 가까운 거리가 남게 되어 쉽게 넣을 수 있다.

프로의 스윙

홀에 도달하지 못하고 짧아지는 퍼트를 없애는 확실한 방법 중의 하나는 홀 뒤 30cm 지점에 가상의 홀을 설정하고 그 홀을 향하여 퍼팅하는 것이다. 만일 퍼트를 실패할 경우 30cm 정도 길게 가는 것이 30cm 정도 짧은 것보다 훨씬 낫다.

– 낸시 로페즈

플레이 전략

그린을 읽는 방법
– 짐 본스 매케이

그린은 첫 번째 보고 판단하는 것이 가장 정확하다. 나는 1992년부터 필 미켈슨의 캐디를 맡아오면서 골프에 대한 상당히 많은 것들을 보고 겪어 왔지만, 그 중에서도 2009년 마스터스 대회 마지막 날 전반 9홀은 나에게 있어서 가장 극적인 경기였다.

필은 초반부터 기세를 올리면서 2번째 홀 버디, 3번째 홀 버디, 5번째 홀 버디, 그리고 6번째 홀에서 1m 퍼트를 남겨두고 있었다. 이 정도 거리에서는 드문 경우이긴 하지만, 그 퍼트를 반드시 성공시키기 위해 그린을 유난히 꼼꼼히 살피던 중 필과 나의 경사에 대한 판단이 서로 달라 시간이 좀 오래 걸렸다. 필은 홀 왼쪽 가장자리로 쳐야 된다고 읽었고, 나는 오른쪽 가장자리로 쳐야 한다고 보았다. 의견이 서로 다르자 그린을 자세히 볼수록 혼돈되기 시작했다. 퍼트를 할 때 그린을 너무 자세히 오랫동안 살피는 것은 결국 잘못된 판단을 초래한다. 하지만 그 날은 다행스럽게도 내가 처음 판단했던 대로 밀고나갔던 것이 적중해서 필은 그 퍼트를 정중앙으로 성공시킬 수 있었다. 오랜 골프 격언 중에 '퍼팅을 할 때 처음에 본능적으로 그린을 읽는 것이 가장 좋은 판단이다.'라는 말이 있는데, 그 말을 믿어야 한다.

그리고 발로도 그린을 읽어라. 필이 퍼팅을 잘 할 수 있도록 내가 그린을 완벽하게 읽어내기 위해서는 볼 위치에 서서 마치 내가 퍼팅을 한다고 상상한다. 그렇게 하면 눈으로 판단할 뿐만 아니라 발로도 상당한 감각을 느낄 수 있어서 그린을 더 잘 읽을 수 있다. 그곳에 서서 볼을 내려다보면 볼이 발보다 얼마나 높거나 낮은지를 바로 알 수 있다. 그 점을 다른 판단요소와 고려해서 그린을 읽는다. 당신의 감각적 인지능력이 무디다고 생각하지 마라. 대부분의 사람들은 어드레스 자세에서 눈으로만 라이를 파악하는데, 눈만으로는 절대 그린을 완전히 파악할 수 없다.

BASICS

15m 퍼팅에 관한 팁
— 부치 하먼

거의 모든 골퍼들이 매우 긴 롱 퍼팅을 할 때는 볼을 강하게 치려고만 하기 때문에 백스윙을 짧고 경직되게 서두르는 경향이 있다. 그 결과 좋은 임팩트로 볼을 치지 못하고 대부분 볼이 홀에 미치지 못한다.

12~15m의 롱 퍼팅을 할 때는 그와 반대로 해야 한다. 오히려 스트로크를 길게 천천히 해야 한다. 백스윙을 길게 해서 다운스윙 때 퍼터헤드가 힘있게 내려올 수 있도록 시간적 여유가 있어야 한다. 백스윙 때는 퍼터헤드가 손보다 뒤쪽에 있게 하고, 헤드 무게를 따라 손목이 자연스럽게 움직일 수 있도록 맡겨둔다. 전통적인 그립이라면 왼손목이 약간 손등 쪽으로 굽은 상태에서 시작하여 백스윙 정점에서는 평평해져야 한다. 그리고 다운스윙에서는 의도적으로 속도를 더 빨리 낼 필요가 없다.

백스윙 때 왼손목이 평평해지면 자연히 오른손목이 굽게 되므로 다운스윙에서 그 손목을 펴면서 볼을 치고 팔로스루 때는 오른손목이 평평해지도록 하면 된다. 이때 퍼터페이스가 자연스럽게 돌아가도록 해주어야 한다.

많은 골퍼들이 롱 퍼팅을 할 때 퍼터페이스를 직각으로 유지하기 위해 노력하지만 결국은 임팩트 후에 닫히게 된다. 따라서 긴 거리를 굴려야 하는 퍼팅에서는 거리 조절에 좀 더 집중해야 한다. 올바른 속도를 위해서는 스트로크를 길게 천천히 하고 손목을 약간 사용하는 것을 두려워하지 말아야 한다.

> **프로의 스윙**
>
> 나는 볼이 퍼터페이스에 맞는 순간 손목에 부드러운 감각이 느껴질 때 퍼팅이 가장 잘된다. 나는 퍼팅을 매끄럽고 천천히 하기 위해서 의도적으로 퍼터페이스가 마치 부드러운 물질로 되어 있고 샤프트는 밧줄로 되어 있다고 상상하며 퍼팅한다.
>
> 만약 샤프트가 이렇게 부드럽다는 상상으로도 매끄러운 퍼팅이 잘 되지 않는다면, 샤프트가 깨지기 쉬운 유리로 만들어졌다고 상상해보자. 만일 조금이라도 급격하게 스윙을 하면 그 샤프트가 깨질 것이라는 것을 머릿속에 그리며 시도하는 것이다.
>
> — 잭 니클라우스

01
퍼팅
실전 전략

41

BASICS

롱 퍼팅을 홀 가까이 굴리는 방법
– 릭 스미스

롱 퍼팅을 할 때 아마추어 골퍼들의 가장 큰 문제점은 스윙을 너무 만들려고 한다는 점이다. 아마추어들은 스윙을 일관성 없이 크게 하다 보니 손목이 꺾이는 경우가 자주 발생한다. 그렇게 되면 볼을 정확하게 치지 못하거나 퍼터페이스가 닫혀서 왼쪽으로 당겨지는 등 두 가지 문제점이 동시에 발생하기도 한다.

이러한 문제점을 고치려면 백스윙이나 팔로스루의 크기를 같게 하고, 스트로크를 힘있게 하는 것이 좋다. 높은 쪽에 위치한 손의 손등을 평평하게 하고 팔과 어깨를 이용해서 스윙하라. 그렇게 시도해보면 볼이 상당히 멀리 굴러가는 것을 확인할 수 있을 것이다.

그리고 사진과 같이 볼에 임팩트 되는 순간 가장 빠른 속도로 지나가도록 퍼터를 가속시켜야 한다. 간결한 스트로크는 실수의 폭을 줄일 수 있으며, 타깃을 향해 퍼터페이스가 직각이 잘 유지되도록 도와준다.

핸디캡

스코어 향상에 관한 사실
– 딘 크누스

당신의 평소 핸디캡보다 더 좋은 스코어를 낼 수 있는 확률은 5회 플레이 중 1회이고, 3타를 더 잘 칠 수 있는 확률은 20회 중 1회이며, 8타를 더 잘 칠 수 있는 확률은 1,138회 중 1회이다.

BASICS

경사면에서의 퍼팅 방법
— 아니카 소렌스탐

나의 스승 데이브 스탁턴은 롱 퍼팅을 할 때 세 구간으로 나눠서 실시하라고 가르쳤다.

첫 번째 구간은 볼이 구르기 시작하는 라인이며 이 구간에서는 볼이 많이 휘지 않는다. 두 번째 구간은 볼이 경사의 정상에 도달하는 구간이고, 세 번째 구간은 볼이 느리게 굴러가기 때문에 가장 많이 휘는 구간이다. 보통 10m가 넘는 퍼팅에서는 이러한 이미지를 사용한다.

먼저 볼이 굴러가는 라인의 중간 지점 낮은 쪽에 서서 볼의 적정한 속도를 가늠해 본다. 전체 경사는 이미 볼 쪽에서 판단했기 때문에, 이 지점에서는 볼이 굴러가야 할 적정한 속도에 대한 예측을 할 수 있다. 이 지점에 서서 퍼터헤드를 지면에서 뗀 채로 직접 연습스윙을 해보면 큰 도움이 된다.

마지막으로 볼 뒤쪽으로 가서 퍼팅라인에 정면으로 마주 서서 연습스윙을 한다. 이때 퍼팅라인을 보면서 볼이 굴러가야 할 속도를 상상할 수 있어야 한다. 혹시라도 경사에만 중점을 둔 나머지 볼의 속도를 간과하는 실수를 저지르지 않기 바란다. 그리고 볼이 경사의 맨 가장자리를 통과하는 것을 상상하며 서두르지 말고 볼을 정확하게 친다.

> **견고한 임팩트 요령**
> 나는 손목을 고정시키고 팔을 시계추의 진자운동처럼 움직여 퍼팅하는 것이 손목 동작을 많이 이용하는 것보다 훨씬 정확하다고 생각한다. 그립을 취한 채 그대로 양 옆으로 이동하며 팔이 주도하는 스윙을 한다. 나는 오른손이 주도하여 퍼터헤드를 퍼 올리거나 라인에서 벗어나지 않도록 하며, 왼손과 왼팔을 주로 사용한다.
> — 리 트리비노

ADVANCED

꼭 성공해야 하는 퍼트는 손에 집중하라

— 톰 왓슨

몇 년 전, 숏 퍼팅의 정확도가 떨어져 고생하고 있을 때 나의 캐디 브루스 에드워드가 해준 조언 덕분에 상당히 좋아졌다. 만일 당신도 1m짜리 쉬운 퍼트를 자주 놓친다면 시도해볼 만한 방법인데, 바로 백스윙을 할 때 볼을 보지 말고 손을 주시하는 것이다.

그 방법대로 하면서 나는 스트로크를 더 매끄럽게 할 수 있었고, 볼이 튀지 않고 잘 구르게 할 수 있었으며, 숏 퍼팅 성공률을 높일 수 있었다. 다만 코스에서 직접 시도하기 전에 미리 연습을 해두어야 한다.

내가 어릴 적에 아버지가 가르쳐주신 재미있는 숏 퍼팅 연습방법이 있다. 나는 그것을 '시계 주위에서 퍼팅하기'라고 불렀는데, 대형 시계를 상상하며 홀 주위 1m 정도 떨어진 곳에 12개의 볼을 각 시간 위치에 놓고 각각 홀에 넣어 12번의 종을 울리는 연습이다.

이 연습을 할 때는 반드시 경사가 있는 곳에 홀을 정해서 모든 경사, 즉 오르막, 내리막, 왼쪽으로 휘는 경우, 오른쪽으로 휘는 경우 등의 퍼트를 모두 시도해야 한다. 실제로 코스에서는 홀 주위가 비교적 평평하나 가끔 경사가 심한 곳도 있기 때문이다.

ADVANCED

중요한 퍼트를 성공시키는 방법
– 행크 헤이니

퍼팅에서 좋은 기량을 나타낼 수 있는 유일한 방법은 그린을 정확하게 읽고 퍼터를 올바르게 조준하는 것이다. 그러면 볼이 정확한 라인을 따라 가게 할 수 있다.

퍼팅 경로를 정하기 전에 먼저 그린 전체를 살펴야 한다. 큰 양동이로 볼이 있는 곳에서 그린 위에 물을 붓는다고 상상해보라. 물이 어떤 곳으로 흐를지를 상상하면 볼이 어떻게 구를 것인지에 대해 충분한 예측을 할 수 있다.

그런데 판단하기 애매한 경우 중 하나가 약간의 경사를 이루고 있는 퍼팅을 할 때이다. 경사가 조금 있는 퍼팅은 볼로부터 먼 지점일수록 더 많이 휘어진다. 따라서 경사면에서는 자신의 생각보다 조금 더 심한 경사로 여기고 퍼팅하는 것을 철칙으로 삼기 바란다. 대부분은 홀보다 낮은 곳으로 미스를 하는 경우가 많기 때문이다.

그리고 여기서 강조할 점은 볼의 속도가 경사를 따라 굴러가는 라인보다 더 중요하다는 점이다. 따라서 홀에서 볼의 속도가 줄어서 멈출 수 있도록 퍼팅해야 한다. 홀 가장자리에서는 볼의 속도가 느릴 때 더 잘 들어가기 때문이다.

01

퍼팅 실전 전략

ADVANCED

마지막 1m를 살펴라
- 딘 라인무스

롱 퍼팅을 할 때나 5~7m 거리의 퍼팅을 할 때는 반드시 홀 쪽으로 걸어가서 마지막 1m를 잘 살펴보기 바란다.

홀 주변은 볼의 속도가 감소되면서 경사나 잔디결의 영향을 많이 받기 때문에 볼이 가장 많이 휘는 지점이다. 따라서 볼의 속도가 떨어질 때 어떻게 구를 것인가를 고려해야 한다. 그런 다음 파악한 전체 경사보다 조금 더 경사가 있다고 여기고 퍼팅을 해야 한다.

퍼팅 스트로크 향상법

견고한 퍼팅을 하기 위한 조언은 다음과 같다.

1. 그립을 손가락 쪽으로 부드럽게 잡아라.
2. 퍼팅을 하는 동안 머리를 움직이지 마라.
3. 볼의 위치를 왼쪽 눈 아래, 왼 발꿈치 선상에 가깝게 놓고 플레이하라.
4. 팔을 자연스럽게 늘어뜨러라.
5. 스윙을 하는 동안 같은 템포를 유지하라.
6. 임팩트 순간 퍼터헤드가 타깃라인에 직각이 되도록 하라.

- 빌리 캐스퍼

ADVANCED

나무뿌리가 땅에 박힌 것처럼
하체를 움직이지 마라

– 조쉬 잰더

퍼팅을 잘하는 모든 플레이어들은 퍼팅 스트로크를 할 때 하체와 머리를 전혀 움직이지 않는다.

나는 머리를 고정시키는 것은 어렵지 않은데 가끔 하체가 흔들려서 퍼팅을 실수하곤 한다. 그럴 때마다 나는 다리가 나무처럼 뿌리가 땅에 박혀 있다고 상상한다. 이러한 상상은 하체를 움직이지 않게 하고 원하는 궤도를 따라 퍼터를 앞뒤로 잘 움직일 수 있게 만든다.

ADVANCED

내리막 경사에서는 샤프트를 오른쪽으로 기울여라

– 짐 플릭

전 마스터스 챔피언인 잭 존슨은 일리노이 실비스에서 열렸던 존 디어 클래식에서 내가 가르치던 아마추어 선수 필립 프랜시스와 함께 플레이를 한 적이 있다. 필립은 대학 1학년생으로 UCLA 골프팀 소속으로 참가해서 더학연맹선수권대회를 우승했던 선수이다.

그 대회에서 나는 잭이 퍼팅을 할 때 볼을 아주 부드럽게 치는 것을 볼 수 있었다. 그리고 정통 방법은 아니지만 잭의 손이 볼보다 뒤에 있다는 것을 알 수 있었다. 잭은 내리막 경사나 매우 빠른 그린에서는 손이 볼보다 더 뒤에 있도록 일부러 과장을 하고, 샤프트를 뒤로 기울이고 퍼터를 천천히 움직인다고 말했다.

이 방법은 퍼터헤드에 로프트를 더해주어 볼에 약간의 백스핀이 걸리도록 하고, 그 결과 볼의 속도가 잘 조절되면서 더 부드럽게 굴러가게 한다.

ADVANCED

내리막 경사에서는 볼이 졸졸 흐르게 하라

- 제이슨 데이

내리막 경사에서 속도를 판단할 때는 볼이 홀까지 졸졸 흘러가듯이 굴러가게 하라. 만약 미스를 해도 홀을 지나 30cm 이상 굴러가지 않도록 해야 한다. 물론 미스를 한다는 것은 좋지 않지만 긍정적으로 생각한다면 다음 퍼트를 오르막 쉬운 곳에서 하게 된다는 것이다.

ADVANCED

숏 퍼팅은 과감하게 하라
– 제프 리터

1m 정도 되는 마무리 퍼트를 할 때는 너무 주의 깊고 소심하게 치는 것보다는 과감하게 치는 것이 좋다. 그러기 위해서는 왼발에 퍼터헤드를 부딪치는 연습을 하라.

먼저 보통 스탠스를 취한 다음 왼발을 앞으로 내밀고 왼발을 볼이라고 가정한다. 그리고 사진과 같이 백스윙을 짧게 해서 왼발을 툭 친다. 이 연습은 스트로크를 할 때 퍼터헤드가 과감하게 움직일 수 있도록 하며, 퍼터페이스도 직각을 잘 이루도록 해준다.

ADVANCED

2단 그린을 정복하는 방법
– 스튜어트 싱크

2단 그린에서 퍼팅을 할 때는 거리를 잘 맞추는 것이 무엇보다도 중요하다. 그러기 위해서는 경사지를 평평하게 편다고 상상해야 한다.

그린을 중간이 구겨진 종이라고 생각해보라. 만일 그 종이를 평평하게 편다면 더 길어질 것이다. 가령 6m 거리의 퍼팅처럼 보이지만 경사를 평평하게 편다면 7m가 될 수 있으므로 그 만큼 더 길게 봐야 한다.

01 퍼팅 실전 전략

ADVANCED

그린 밖에서
퍼팅하는 방법
– 닉 프라이스

그린 주위에서 볼이 주로 멈추는 곳은 그 지역에서 가장 낮고 잔디가 짧은 지점이나 프린지 정도가 될 것이다. 그런 곳에서는 칩핑이나 피칭을 하기보다는 3번 우드나 하이브리드 클럽으로 퍼팅하기를 권한다.

3번 우드로 퍼팅을 하면 처음에는 볼이 살짝 점프하지만, 그 다음부터는 퍼터로 친 것처럼 잘 구른다. 클럽을 잡을 때는 퍼팅 그립과 동일하게 하고, 그립을 샤프트 쪽까지 내려 잡아서 퍼팅하면 된다.

장비에 따른 퍼팅 방법

샤프트의 위치에 따라 궤도를 맞춰라

– 제이슨 거스

퍼팅 궤도는 반달형 퍼터나 일자형 퍼터 중 어느 것을 사용해도 다르게 할 필요가 없다. 그러나 만약 당신의 스윙 궤도가 부채꼴이 아닌 앞뒤로 똑바로 움직이는 타입이라면 샤프트가 퍼터헤드 중간에 부착되어 있는 디자인의 퍼터가 도움이 된다. 왜냐하면 샤프트가 힐 쪽보다 퍼터헤드의 중간에 부착되면 퍼팅을 하는 동안 퍼터 페이스가 열리거나 닫히는 것을 줄여주기 때문이다.

만일 당신이 직선 퍼팅라인에서 퍼팅을 한다면, 클럽페이스가 열리거나 닫혀서는 안 된다. 그러므로 위의 내용에 유의하기 바란다.

2004 마스터스 토너먼트에서 필 미켈슨이 연장 첫 번째 홀에서 버디 퍼트를 성공시켜 어니 엘스를 누르고 우승을 차지했다.

ADVANCED

오르막과 내리막의 이중경사일 때는 두 퍼트로 나눠라

– 톰 왓슨

퍼팅은 오르막 경사 다음에 내리막 경사가 있는 경우가 가장 어렵다. 이 퍼팅의 열쇠는 적정한 볼의 속도이다.

일단 오르막에서 느린 퍼트와 내리막에서 빠른 퍼트 두 가지로 나눠라. 그리고 언덕 위 가장 높은 지점을 정하고 그 지점까지 볼이 다다르거나 간신히 지나갈 정도로 퍼트하라. 만일 그 지점까지 볼이 다다르기만 하면 그곳에서부터는 언덕 경사 자체가 내리막 퍼트를 자동적으로 해주게 된다.

이때 명심해야 할 것은 내리막 경사에서 볼이 더 많이 휘기 때문에 이 부분을 먼저 중점적으로 살펴야 한다.

피트니스 팁

둔근 강화 운동으로
허리 부상을 방지하라

– 마크 베르스테겐

그린에서 오랫동안 서 있게 되면 허리에 통증을 느끼기도 한다. 이러한 근육피로나 특히 라운드 후반쯤 중요한 퍼트를 시도할 때 오는 허리통증 같은 것을 방지하려면 둔부를 강화시켜야 한다. 이 운동은 엉덩이 근육을 강화시킬 뿐만 아니라 오금줄과 허리를 함께 강화시켜 준다.

❶ 양팔을 벌려 손바닥이 위를 향하게 하고 등을 바닥에 대고 누운 다음, 무릎을 굽히고 발가락이 바닥에서 떨어지도록 한다.
❷ 그 다음 엉덩이를 모으고 위로 들어서 어깨와 무릎이 직선을 이루도록 한다.

02 칩핑
CHIPPI

최경주 선수는 어려운 오르막 칩샷을 성공시킴으로써 2011 PGA 챔피언십에서 우승할 수 있는 전기를 마련했다.

칩핑의 이해

칩샷은 그린 주위에서 로프트가 큰 클럽을 사용하여 볼을 공중에 비교적 낮게 띄운 다음 굴려서 가능한 한 홀에 가깝게 멈추도록 치는 샷이다. 그럼 좋은 스코어를 내는 데 칩핑은 얼마나 중요할까? 이에 대한 해답은 PGA 투어 상위 랭커들의 그린 적중률이 한 라운드 당 12~13개 정도라는 것을 보면 쉽게 알 수 있다. 그 의미는 한 라운드에서 그린에 직접 올리지 못하고 칩샷으로 홀에 가깝게 붙여서 1퍼트로 마무리 지어야 하는 상황이 5~6번 정도가 된다는 말이다. 하물며 일반 아마추어 골퍼들은 한 라운드 당 그린 적중 횟수가 5~6번 정도에 그치니 칩핑이 얼마나 중요한지는 굳이 강조하지 않아도 될 것이다.

좋은 칩핑은 스윙 스피드가 빠르지 않은 단타자가 장타자와 경쟁할 때 경기를 대등하게 할 수 중요한 비밀 병기가 된다. 진부한 표현 같지만 골프는 플레이 내용보다 몇 타를 기록했느냐가 중요하다. 다시 말하면 레귤레이션 온을 하고도 2퍼트를 해서 파를 기록하는 것과 그린에 올리지 못해도 훌륭한 칩샷과 1퍼트로 마무리해서 파를 기록하는 것은 똑같다는 것이다.

칩핑을 구사하는 기술과 클럽을 선택하는 기준은 다양하지만 효과적인 칩샷을 하기 위해서는 왼발에 체중을 싣고 다운블로로 내려쳐야 한다는 사실에는 대부분이 동의한다. 그럼 이 책의 교습가들이 칩핑에 대해 어떻게 레슨하는지 계속 살펴보기 바란다.

▶▶▶ 다음 페이지
필 미켈슨의 칩핑 연속 동작

90% 투어프로들은 그린 주위 3m 이내 거리에서는 90% 이상 파 세이브를 한다.

- 아마추어의 경우 로프트가 작은 클럽으로 낮게 굴리는 샷이 로프트가 더 큰 클럽으로 볼을 띄워 홀에 가깝게 멈추게 하는 칩샷보다 홀 주위 1.5m 안에 붙일 확률이 58% 더 높다.
- 핸디캡 20인 골퍼들은 칩핑 거리에서 파 세이브 확률이 10번 중 2번이고, 스크래치 골퍼(핸디캡 0)들은 10번 중 5번이다.
- 그린 주위 3m 안에서 투어프로들의 칩샷 평균 결과는 홀에서 90cm 떨어진 지점이다.

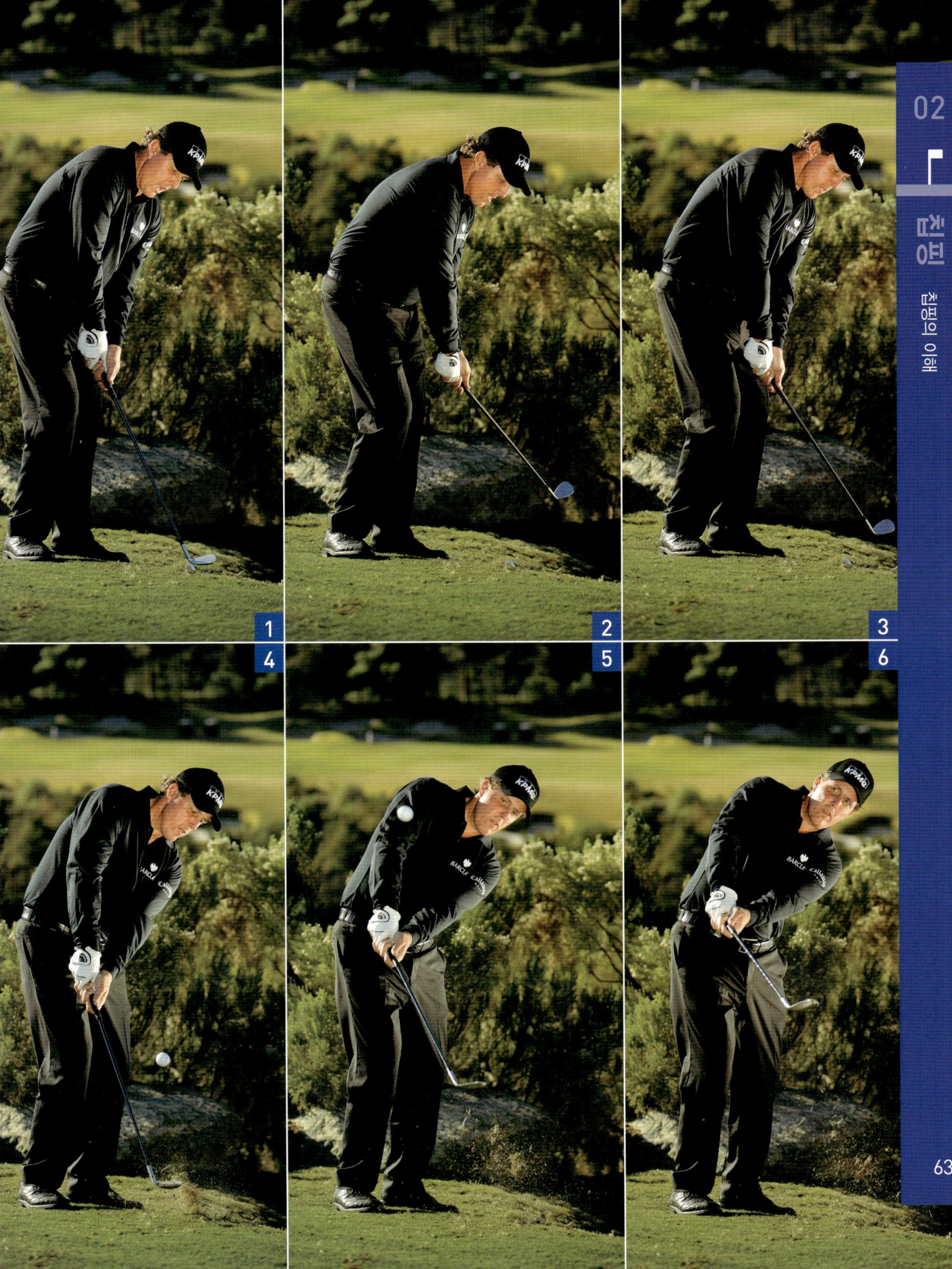

연습 팁 PRACTICE TIPS

BASICS

칩샷을 하는 방법
– 토드 앤더슨

칩샷의 백스윙은 매우 간결하기 때문에 셋업을 할 때 임팩트 자세처럼 손과 클럽을 위치해야 한다.

① 숏 아이언이나 웨지를 선택하고, 볼은 스탠스 중간보다 뒤에 두고 스탠스는 오픈시켜 하체가 미리 타깃 쪽으로 돌아가 있게 한다. 체중은 왼발에 더 두고 왼손목이 평평하도록 샤프트를 타깃방향으로 기울인다.

② 팔과 어깨를 이용해서 백스윙을 하고 상체를 조금 돌리면서 가슴이 움직일 때 양팔이 따라 움직이는 느낌으로 한다. 이때 클럽헤드는 항상 손보다 낮은 위치에 있어야 한다.

③ 오른쪽 팔꿈치가 몸 뒤에 처지지 않도록 하라. 그것은 팔로만 스윙을 한다는 증거이다. 다운스윙은 오른쪽 무릎을 타깃 쪽으로 밀면서 하체로 시작하라. 임팩트 때는 클럽이 타깃 쪽으로 기울어진 위치로 다시 돌아와야 하며, 샤프트는 왼팔과 직선을 이뤄야 한다. 그 다음 몸을 계속 회전시켜야 하며 왼손목이 피니시 때도 평평한지 점검해보라.

프로의 스윙

가끔 단어의 발음이 그 말을 묘사하기도 한다. 그 좋은 예 중의 하나는 빗자루에서 찾아볼 수 있다. 빗자루를 사용해본 사람이라면 마당을 쓸 때 '휙~' 하며 쓸고 지나가는 것을 알 수 있다. 나는 칩샷을 할 때 그 소리를 연상하는 것이 좋다고 생각한다. 클럽헤드가 잔디를 스치고 제 방향으로 빗자루를 '휙~' 쓸고 지나가는 것처럼 샷을 해야 한다. 칩샷을 할 때는 너무 느슨하거나 엉성하게 해서는 안 된다. 신속하고 견고하게 '휙~' 하고 지나가게 쳐야 한다.

– 아놀드 파머

Practice Tips

BASICS

셋업을 할 때 몸의 왼쪽을 견고하게 하라

– 폴라 크리머

나는 칩핑을 할 때 그립을 잡기 전에 왼손을 왼쪽 허벅지에 올려놓는다. 이렇게 하면 체중이 왼쪽에 실려 있는지, 무게중심이 볼보다 약간 앞쪽에 있는지를 알 수 있다.

이 두 가지는 칩핑 시 볼을 깨끗하게 치는 데 결정적인 요소이다. 만일 임팩트 때 체중이 오른쪽에 실리게 되면 다운스윙 때 클럽이 하향 타격 되지 않고 퍼 올리면서 볼을 치기 때문에 견고한 샷을 할 수 없다. 따라서 셋업 시 몸의 왼쪽 면에 체중을 확실히 실으면 볼을 훨씬 견고하게 칠 수 있다.

BASICS

칩핑을 견고하게 하기 위해서는 왼손목을 꺾지 마라

– 데이비드 리드베터

비교적 먼 거리에서 칩핑을 할 때는 고도의 감각이 요구된다. 즉, 샷의 탄도와 스핀, 그리고 거리 조절을 위해서는 약간의 손목 동작이 필요하다. 하지만 안타깝게도 많은 골퍼들이 손목을 과도하게 사용하는 경향이 있다. 임팩트 때 왼손목이 꺾이면 뒤땅이나 탑핑의 원인이 된다.

스윙을 하는 동안 볼을 깔끔하게 내려치고, 클럽페이스를 타깃에 직각이 되도록 하기 위해서는 왼손목을 많이 움직이지 않아야 한다. 왼손목을 견고하게 유지하기 위해서는 사진과 같이 퍼팅 그립(역오버랩핑, Reverse Overlapping)을 잡는 것이 좋다. 일반적인 오버래핑 그립에서 오른손 새끼손가락과 왼손 검지의 위치를 바꿔서 왼손 검지가 오른손의 바깥쪽에 오도록 한다. 그렇게 하면 왼손목을 견고하게 유지할 수 있다.

그 외의 모든 것은 일반적인 칩핑 자세를 취한다. 약간 오픈 스탠스를 취하고 볼은 중간에서 충분히 오른쪽에 놓고 백스윙 땐 손목을 조금 이용한다. 하지만 위와 같이 그립을 바꾸면 왼손목이 더 안정되어 예측한 대로 볼을 더 잘 칠 수 있다.

BASICS

칩핑을 할 때 손의 느낌을 감지하라
– 딘 라인무스

잔디가 짧은 곳에서 칩핑을 효과적으로 하는 기술을 익히려면 클럽헤드의 움직임보다 클럽을 잡은 그립에 더 집중하는 것이 좋다. 즉, 칩핑을 견고하게 할 때 손의 느낌이 어떤지 감지해야 한다. 예를 들어, 볼을 칠 때 오른손목이 뒤로 굽혀져 있고 그립이 클럽헤드보다 앞서는 것처럼 말이다.

이러한 핵심적인 동작에 익숙해지기 위하여 오른손만 사용해서 스윙하되 손목과 그립 사이에 볼을 끼우고 연습하라.

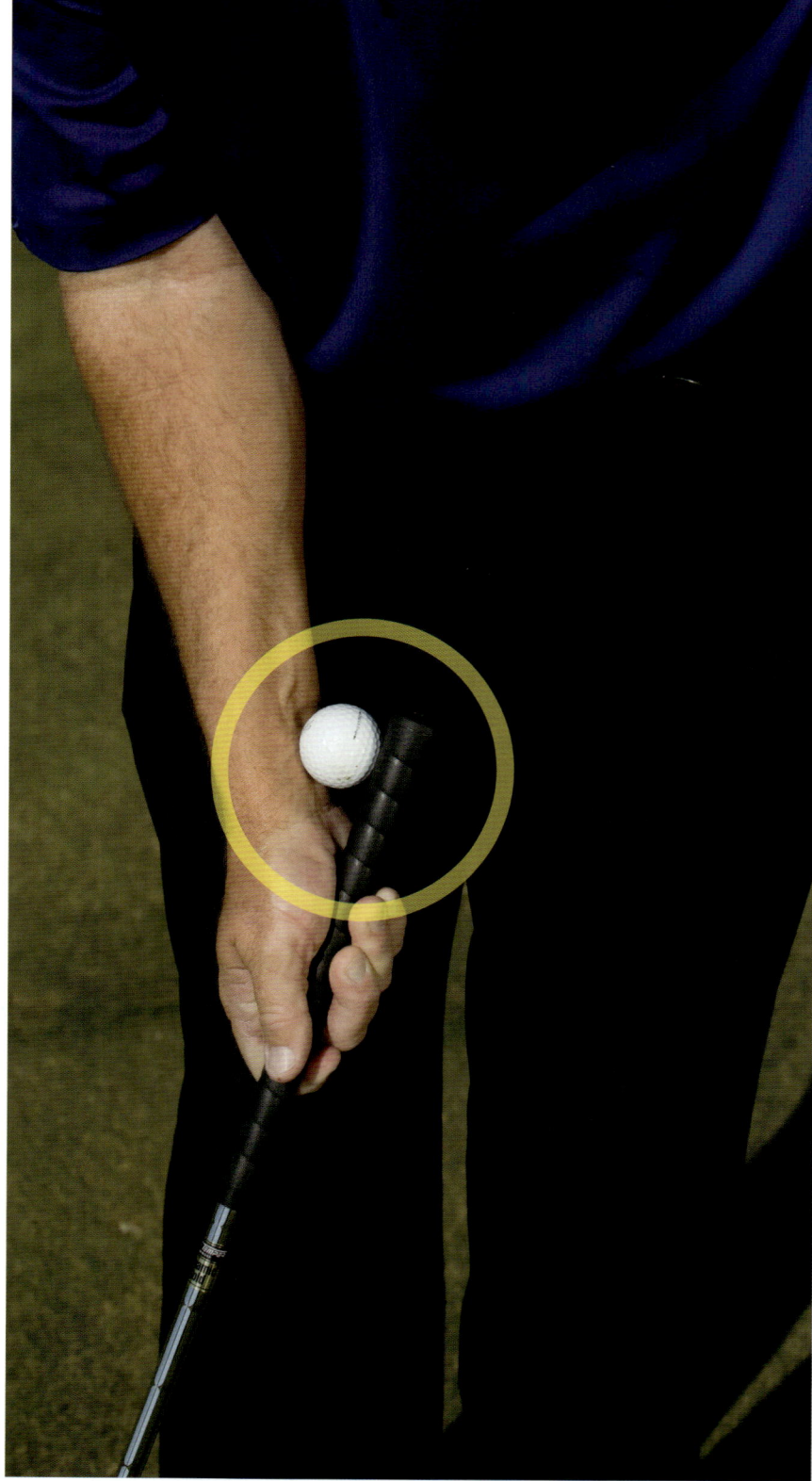

칩샷 백스핀 구사 요령

그린에서 가까운 곳에서 칠수록 볼에 백스핀이 많이 걸리지 않는다. 그러나 백스핀을 걸기 위해서는 땅을 치기 전에 볼을 먼저 쳐야 하며, 그렇게 하기 위해서는 더 가파른 각도로 내려쳐야 한다. 하지만 더 중요한 것은 그 동작을 스윙하는 동안 유지해야 한다는 것이다. 백스핀이 잘 걸리게 하기 위해서는 클럽헤드를 가속시키는 동작이 핵심이다. 그 동작을 익히려면 반드시 피니시까지 이루어지는 스윙을 연습해야 한다.

— 빌리 캐스퍼

BASICS

칩핑의 느낌을 향상시키기 위해서는 탁구의 백핸드 스트로크를 연상하라

— 스탠 어틀리

일반 골퍼들이 칩핑을 할 때 볼을 퍼 올리거나 클럽페이스가 오픈되어 로프트가 커지는 동작을 방지하기란 매우 어려운 일이다.

이러한 문제점을 해결하기 위해 왼손으로 탁구라켓을 잡고 있다고 상상해보라. 탁구라켓의 타구면이 클럽페이스라 생각하고 퍼 올리거나 클럽페이스를 오픈시킨 채로 볼을 치지 말고, 백핸드 스트로크로 탑스핀을 걸듯이 탁구라켓의 타구면을 볼쪽으로 돌리면서 치는 동작을 상상해보라. 이것이 칩샷을 깨끗하게 치는 비결이다.

장비에 따른 칩핑 방법

상황에 맞게 적정한 클럽을 선택하라
– 마이크 스타추라

볼이 깊은 러프에 있을 때는 클럽헤드가 잔디에 걸려 엉키지 않고 잘 빠져나가도록 바운스(샌드웨지 바닥의 불룩한 부분)가 큰 클럽을 사용하라. 반면에 볼이 짧은 잔디 위에 있을 경우에는 바운스가 작은 웨지나 숏 아이언을 사용하여 성공적인 샷을 칠 수 있는 확률을 높여라.

BASICS

칩핑 시 손목 꺾임을 방지하는 연습
– 릭 스미스

칩샷을 올바르게 하기 위해서는 스윙의 크기가 적절해야 하고, 손목은 많이 움직이지 않으면서 몸이 타깃을 향해 회전함에 따라 팔이 스윙되게 해야 한다. 이 기술을 몸에 익히려면, 특히 손목을 써서 볼을 띄우는 습관을 없애는 데에도 시간이 걸리겠지만, 다음과 같은 연습방법이 시간을 절약하는 데 도움이 될 것이다.

먼저 샤프트의 중간 부분을 잡고 그립 끝이 왼쪽 엉덩이 바깥쪽을 향하게 한다. 백스윙 때는 그립 끝이 몸의 왼쪽을 치지 않도록 약간의 코킹을 한다. 그 다음 몸을 타깃 쪽으로 돌리면서 다운스윙을 시작하고 손목 코킹을 그대로 유지한다.

이 연습의 목적은 스윙을 하는 동안 클럽의 그립 끝이 몸을 치지 않도록 하는 것이다. 만일 클럽이 몸의 옆면에 닿게 되면 손목이 꺾였거나 몸의 회전이 제대로 되지 않았다는 것이다.

이 연습을 하기 위해서는 당구 큐대나 큰 빗자루 등 주변의 다양한 도구들을 사용할 수 있다. 내가 아는 바로는 이 연습방법이 확실한 칩샷을 하기 위한 가장 빠른 길이다.

> **프로의 스윙**
> 빠른 그린으로 칩핑을 할 때는 기본적으로 클럽헤드로 볼을 내려치는 타격을 해야 한다. 다운 블로로 샷을 해야 컨트롤을 잘 할 수 있고 백스핀을 생성시켜 볼이 너무 멀리 굴러가지 않도록 한다.
>
> 이처럼 다운스윙을 다운 블로로 하기 위해서는 볼을 스탠스의 뒤쪽에 놓고 팔로스루까지 손을 클럽헤드보다 앞으로 유지하며 마치 퍼팅을 하듯이 클럽을 가속시켜야 한다.
>
> 볼을 언더핸드로 토스하듯이 던지는 상상을 해보면 볼이 그린 위에서 어떻게 구를지를 가늠하는 데 시각적으로 도움이 된다. 이러한 동작을 시각화 한 후 그 동작을 그대로 칩핑 동작으로 옮겨야 한다. 이러한 방법은 칩샷을 어떻게 할 것인지에 대한 판단을 쉽게 하도록 도와준다.
>
> – 재키 버크

ADVANCED

깔끔한 칩샷을 하기 위해
X자 모양을 만들어라

— 롭 애킨스

칩샷을 할 때 대부분의 아마추어들은 어드레스에서 몸을 왼쪽으로 기울이고 그 자세를 임팩트 때까지 유지해야 한다고 배워왔다. 그 목적은 클럽으로 지면을 치기 전에 볼을 먼저 치는 것이지만, 그러한 자세가 클럽의 로프트를 너무 세우는 결과를 초래하여 클럽의 리딩에지가 잔디에 쉽게 걸리기도 한다. 따라서 이것을 방지하려면 스윙을 할 때 척추를 타깃의 반대 방향으로 기울여 줘야 한다.

사진과 같이 임팩트 자세를 잡아라. 노란색 그래픽은 타깃 쪽으로 기운 샤프트의 각도이고, 빨간색 그래픽은 타깃 반대쪽으로 기운 척추의 각도를 나타낸다. 두 그래픽이 어떻게 교차하여 X자를 이루는지 주시하라. 그리고 다음에 칩샷을 할 때 자신의 X자를 만들어서 적용해보아라. 이것은 클럽헤드 바닥의 볼록한 부분(바운스)으로 인하여 클럽헤드가 잔디 위로 미끄러져 볼을 깔끔하게 칠 수 있게 한다. 여기서 바운스는 실수를 완화시켜주는 역할을 한다.

ADVANCED

손목 각도를 유지하라
— 필 미켈슨

나는 어렸을 때 뒷마당에서 끊임없는 연습을 하면서 칩샷을 배웠는데, 그 때는 주로 샌드웨지만으로 연습했다. 가끔 볼을 낮게 치고자 할 때는 차고에 있는 8번이나 9번 아이언을 가져와야 했는데, 귀찮아서 그냥 샌드웨지로 낮게 치는 연습을 했고 그때 익혔던 테크닉이 오늘날 많은 도움이 되고 있다.

볼을 스탠스의 오른발 끝 쪽에 놓고 (오른손잡이의 경우) 어드레스 때 클럽페이스를 타깃에 직각으로 에임한다. 그리고 손을 앞으로 내밀어 왼발과 같은 선상에 있도록 한다. 그렇게 하면 샌드웨지의 로프트를 줄이는 데 효과적이다.

백스윙 때는 손목을 유연하게 사용하고 팔은 조금만 움직인다. 다운스윙 때는 피니시까지 손을 가속시키고 손목을 풀지 않아야 한다. 이렇게 치면 볼이 낮게 갈 것이며, 그린에 떨어지면 속도가 줄어들며 홀 쪽으로 향하게 될 것이다.

> **멘탈 게임**
> 훌륭한 칩핑을 하는 골퍼는 볼을 홀에 충분히 가깝게 보내어 다음 퍼트로 홀인을 시킨다고 생각한다. 하지만 서툰 칩핑을 하는 골퍼는 다음 퍼트로 홀에 넣을 수 있도록 홀 가까운 곳에서 볼이 멈추길 희망한다. 이 두 생각의 차이를 이해하겠는가?
> — 샘 스니드

ADVANCED

컨트롤을 잘하려면 다양한 클럽을 사용하라

– 로레나 오초아

프로암 대회에서 같이 플레이했던 대부분의 아마추어들은 그린 주변 거의 모든 상황에서 자신이 선호하는 한 가지 클럽만을 사용하는데, 보통 샌드웨지나 피칭웨지가 일반적이다. 그러한 클럽은 볼이 푹신한 잔디 상태에 놓여있고, 높은 탄도의 샷이 빨리 멈출 수 있도록 설계된 그린이라면 매우 유용하다.

하지만 그린 주변 모든 상황에서 한 가지 클럽만을 사용하는 것은 결코 바람직하지 않다. 숏 게임을 잘 할 수 있는 요소는 다양한 클럽으로 칩핑을 하고 상황에 알맞은 샷을 선택하는 것이다.

내가 어렸을 때 나의 스승 라파엘 알라콘은 내 골프백 안에 있는 모든 클럽을 사용하여 칩샷을 하도록 했다. 같은 지점에서 샌드웨지로 3번의 샷을 하고 나서 9번, 7번, 5번 아이언으로 각각 세 번씩 샷을 했다. 이 연습은 어떤 곳에서든지 샷을 다양하게 할 수 있는 자신감과 창조력을 발휘할 수 있도록 해주었다. 이렇게 연습함으로써 어떤 경우의 칩샷과 피치샷이든 스스로 신뢰할 만한 선택을 다양하게 할 수 있게 되었다.

장비 구입

로프트를 고려하여 클럽을 구입하라

– 론 카스프리스크

웨지를 구입할 때는 칩핑을 하기 쉬운 클럽인지, 짧은 거리의 샷을 할 때 볼에 백스핀이 충분히 걸리는지 등 그린 주위에서의 기능성을 고려해야 한다. 그리고 당신이 원하는 웨지와 다른 클럽들의 조화가 잘 이루어지도록 해야 한다. 우선 가장 중요하게 고려해야 할 점은 피칭웨지, 갭웨지, 로브웨지의 로프트 차이이다. 전문가들은 이들 클럽의 로프트가 4도 차이가 나는 것이 좋다고 한다.

예를 들면, 당신의 피칭웨지 로프트가 45도 또는 46도라면 다음 웨지는 50도 내지 51도가 좋다. 기본적인 세트가 45도 피칭웨지에서 56도 샌드웨지로 이루어져 있기 때문에 이러한 클럽의 조합은 매우 중요하다. 이 말은 풀스윙을 할 때 각 웨지마다 300야드 차이가 난다는 것이다.

▶ 적절한 웨지 세트 구비 요령

피칭웨지	46도
갭웨지	50도
샌드웨지	54도
로브웨지	58도

ADVANCED

짧은 거리일수록 그립을 내려 잡아라

– 세르히오 가르시아

나는 칩샷이나 피치샷을 할 때 홀에 가까운 거리일수록 그립을 더 내려 잡으면 감각이 더 좋아진다는 사실을 발견했다. 이 방법은 세베 바예스테로스의 칩핑 플레이를 보고 배운 것 중 하나이다.

여기서 기억해야 할 점은 그립을 짧게 잡을수록 볼에 더 가깝게 서야 한다는 것이다. 30야드일 때는 그립을 5~8cm 정도 내려 잡고 손을 어깨에서 자연스럽게 내려뜨린다. 20야드일 때는 그립을 더 내려 잡고 볼에 더 가깝게 선다. 10야드일 때는 셋업이 매우 압축되어 있으며 거의 샤프트의 금속 부분까지 그립을 더 내려 잡고 볼에 아주 가깝게 서야 한다.

> **셋업**
> 모든 칩샷의 셋업은 클럽헤드를 지면에서 낮게 움직이게 하고 클럽헤드가 잔디에 닿기 전에 볼을 먼저 칠 수 있도록 하기 위해서 손을 클럽헤드보다 앞서게 유지해야 한다. 볼만 떠내는 샷을 하지 말고 볼을 내려쳐서 클럽이 볼을 통과한 후 땅을 치도록 해야 한다. 실제로 칩핑을 잘하는 플레이어들은 클럽으로 땅을 치기 전에 볼을 먼저 치기 위해서 어드레스 때 클럽페이스를 더 세운다.
>
> – 게리 플레이어

ADVANCED

칩샷을 잘하려면 몸을 회전하라
— 행크 헤이니

많은 아마추어들이 칩핑을 할 때 필요 이상으로 집중을 많이 하는 경향이 있다. 그리고 볼을 정확하게 치기 위해서 몸을 지나치게 볼을 향해 고정시켜 팔을 뻗어주지 못하고 임팩트 때도 몸을 돌려주지 못한다.

만일 팔이 굽고 몸이 회전하지 않으면 스윙의 최저점이 볼 뒤에서 형성되어 뒤땅과 탑핑의 원인이 된다. 따라서 샷을 할 때 팔을 펴고 몸의 회전을 감지해야 하며, 머리와 눈을 돌려 볼이 떨어지는 곳을 봐야 한다. 이것은 스윙의 최저점이 볼 앞쪽에서 이루어져 정확한 임팩트가 이루어지도록 돕는다.

클럽 선택은 당신이 어떤 종류의 샷을 할 것인가에 따라 달라진다. 나는 볼이 공중에 있는 시간이 짧고 땅에서 굴러가는 거리가 긴 샷을 좋아한다. 홀이 그린에지에서 아주 가까운 곳에 있다면 피칭웨지를 사용하고, 홀이 그린 뒤쪽 30야드 정도 지점에 있고 그린에 여유 공간이 많다면 7번이나 8번 아이언을 선택하라.

실전 전략 PLAYING STRATEGY

BASICS

그린 주변에서는 적정한 클럽을 선택하라
– 부치 하먼

먼저 볼이 놓인 상태를 살펴야 한다. 볼이 깊은 러프에 있다면 일단 그린에 올리기 위해 노력해야 한다. 하지만 그린 주변 페어웨이에서는 몇 가지 옵션을 선택할 수 있다. 물론 이때도 웨지를 사용하는 것이 가장 좋을 수 있으나 가끔은 그 정도의 로프트가 필요 없을 때도 있다. 따라서 가능하다면 페어웨이 우드를 사용하여 볼을 굴리는 샷을 시도하고, 지면이 잘 마른 상태거나 매끄럽다면 퍼팅을 하는 것도 좋다.

그 다음은 그린에 여유 공간이 얼마나 있는지를 봐야 한다. 볼의 바운스를 잘 예측하기 위해서는 항상 그린 위에 볼을 떨어뜨려야 한다. 만일 그린에 여유 공간이 많다면 로프트가 작은 클럽을 사용하여 굴리는 것이 좋다. 낮게 굴리는 샷은 스윙이 간결하기 때문에 더 안전하지만, 깊은 러프에 빠지거나 그린 앞 워터 해저드를 건너야 하는 불가피한 트러블 상황이 찾아오는 것에 대한 대비도 해야 한다.

마지막으로 볼이 어떻게 바운스 될 것인지를 예상해야 한다. 그러기 위해서는 그린의 강도와 경사, 이 두 가지를 살펴야 한다. 만일 그린이 너무 딱딱하다면 웨지로 볼을 쳐도 8번 아이언으로 친 것처럼 볼이 튈 것이며, 반대로 스펀지처럼 부드러운 그린이라면 8번 아이언을 쳐도 웨지로 친 것처럼 볼의 바운스가 작을 것이다. 이것은 그린의 내리막 경사나 오르막 경사에 볼이 떨어질 때와 같다. 첫 번째 바운스가 어떻게 일어날 것인지를 상상하고 클럽을 신중하게 선택하라.

플레이 전략

잘못된 칩핑의 임기응변 치유법
– 론 카스프리스크

많은 아마추어들에게서 칩핑의 올바른 동작과는 반대되는 동작을 자주 볼 수 있다. 특히 짧은 거리의 샷을 할 때에도 스윙을 크게 하고 가속을 하는 실수를 많이 범한다. 만약 칩샷 문제 때문에 고민하고 있다면 다음의 내용을 시도해보기 바란다.

❶ 스윙을 할 때 볼을 보지 말고 타깃을 봐라. 볼을 잘 맞추는 데는 자신 있다면, 이 방법이 스윙을 하는 동안 타깃까지 거리가 잘 맞도록 볼을 향해 클럽헤드가 적절히 가속되도록 도와준다.

❷ 스윙을 할 때 볼을 보지 말고 손을 봐라. 올바른 칩핑 동작은 클럽이 볼을 치기 전에는 손이 클럽헤드보다 앞서야 한다. 따라서 손을 주시하면 임팩트를 지나는 순간까지도 샤프트가 타깃 쪽으로 기울도록 유지할 수 있다.

❸ 뒷발(오른손잡이는 오른발)에 있는 체중을 없애라. 뒷발의 뒤꿈치를 들어 엄지발가락으로 균형을 잡아라. 뒷발의 체중을 없애면 손목 장난으로 퍼 올리는 부정확한 타격을 막아주고 볼을 확실하게 하향타격으로 칠 수 있도록 도와준다.

❹ 위 모든 것에 실패한다면 칩핑 전용 클럽(치퍼)을 사용하라. 시중에는 칩핑을 잘 할 수 있도록 고안된 장비들이 많다. 치퍼를 구입할 때는 USGA(미국골프협회)에서 승인된 제품을 고르는 것을 잊지 마라.

BASICS

그린 바로 주위에서는 칩핑과 퍼팅 중 무엇을 해야 할까

— 톰 왓슨

....

내 골프 인생 중 가장 기억에 남는 승부 중 하나는 1977년 턴베리에서 열렸던 브리티시오픈에서 잭 니클라우스와 내가 3, 4라운드에서 선두를 위해 각축전을 벌였던 장면이다.

마지막 날 파3 15번 홀까지 잭은 한 타차 선두를 달렸고, 나는 샷을 그린에 올리지 못했다. 4번 아이언으로 친 샷이 약간 높은 언덕에 머물렀고 그린까지는 3m, 홀까지는 20m가 떨어진 지점이었다. 리커버리를 위한 다음 샷은 내리막에 오른쪽으로 휘는 경사를 맞이하고 있었다. 여기서 칩핑을 해야 할까 아니면 퍼팅을 해야 할까?

만일 볼과 그린 사이의 잔디가 그린과 비슷하게 짧다면 거리 조절을 더 잘 할 수 있는 퍼팅이 훨씬 유리하다. 마침 그린 주위가 페스큐 잔디로 조성되어 볼이 매우 잘 구르는 상태였다. 그래서 나는 가까운 곳에 형성된 경사를 넘겨서 치는 칩핑을 할 수도 있었지만 거리에 더 초점을 맞추었다. 결국 퍼터를 선택했고 롱 버디 퍼트를 성공시켜 잭과 동타를 이루었다. 경기 결과는 나의 1타차 우승이었다.

BASICS

먼 거리에서 칩핑을 할 때는 빠르게 굴려라

– 데이비드 톰스

볼이 그린 바로 가까운 곳에 있고 홀까지의 여유 공간이 충분할 때는 볼을 공중에서 멀리 가게 치지 않는다. 마치 퍼팅을 하듯이 일찍 지면에서 구르게 만드는데, 이렇게 하면 더 정확한 결과를 가져온다.

나는 상황에 따라 5번 아이언까지 다양한 클럽을 사용한다. 그리고 첫 번째 바운스는 반드시 그린 위에서 일어나게 하며, 프린지를 넘길 수 있는 가장 긴 클럽을 사용한다. 오르막 경사일 때는 7번 아이언을 사용하여 굴리고, 내리막 경사일 때는 9번 아이언으로 볼을 똑같은 지점에 떨어뜨린다.

칩핑을 할 때 테크닉은 간결하고 손목의 움직임을 최소화 시켜야 한다. 그리고 오픈 스탠스를 취해서 몸을 타깃 쪽으로 향하고 체중을 앞발에 더 싣는다. 그 다음 백스윙을 짧게 해서 볼을 칠 때 가속을 시킨다.

BASICS

볼이 떨어지는 지점과 굴러가는 모습을 머릿속에 그려라

― 짐 플릭

볼을 치기 전에 그 샷의 장면과 결과를 먼저 머릿속에 그려보라는 말은 많이 들었을 것이다. 이번에는 그 상상력을 그린 주위에서 칩핑을 할 때도 적용해보자.

첫째, 샷의 종류를 결정하기 위해서 라이를 살펴야 한다. 라이를 고려해서 샷의 탄도와 볼이 굴러가는 것을 예측해야 한다. 둘째, 그 상황에 맞는 샷과 클럽을 선택하여 필요한 탄도를 만들어내야 한다. 만일 샷이 홀에 들어가지 않아도 다음 퍼트가 쉬운 곳으로 보내는 데 유용하다.

예를 들면, 사진에서와 같이 홀을 지나 60cm 정도 왼쪽에 볼을 보내면, 내가 원하는 왼쪽으로 살짝 휘는 오르막 퍼트가 남게 된다. 그러므로 이 지점으로 칩핑하기 위해서 볼이 떨어지고 바운스된 다음 얼마나 굴러가야 하는지를 머릿속에 그려보아야 한다. 그리고 나서 내가 볼을 떨어뜨려야 할 지점을 염두에 두고 연습스윙을 한다.

즉, 라이를 확인한 다음 샷의 모양을 홀 쪽에서부터 그려보고 칩샷을 하면 까다로운 칩샷일지라도 더 많은 파 세이브를 할 수 있을 것이다.

BASICS

깊은 러프에서는 클럽을 가속시키기 위해서 벙커샷처럼 플레이하라

— 스티브 스트리커

나는 칩샷을 할 때 피치샷을 할 때처럼 손목 코킹을 많이 하지 않는다. 다만 러프 안에서 칩샷을 할 때 손목 코킹을 하지 않기 때문에 느려지는 스윙 스피드를 높이기 위해서 마치 벙커에서 샷을 하듯이 한다(오픈 페이스, 아웃 투 인 스윙). 이 방법은 볼이 너무 멀리 날아갈 것을 두려워하여 스윙을 감속시키다가 실수를 하는 아마추어들에게 도움이 된다.

이 상황에서는 클럽을 가속시키는 것이 성공적인 칩샷을 하는 열쇠가 된다. 셋업 시 타깃 쪽으로 몸을 오픈시켜 몸을 정렬하고 클럽을 오픈시킨다. 그 다음 양발의 라인을 따라 볼을 약간 깎아 치듯이 아웃 투 인 궤도로 스윙한다. 클럽 페이스가 오픈되고 아웃 투 인 스윙을 하면 볼이 높게 뜨고 부드럽게 착지되므로 스윙을 강하게 해야 한다.

ADVANCED

볼이 발보다 높거나 낮을 때 칩핑하는 방법
— 톰 왓슨

대부분의 아마추어들은 볼이 발보다 높거나 낮을 때 실수하는 경우가 많다. 이와 같이 옆 경사일 경우 볼은 경사에 따라 방향이 달라지므로 그것을 고려해야 한다.

볼이 발보다 위에 있을 때는 볼이 왼쪽으로 진행하므로 오른쪽을 향하여 에임해야 한다. 볼에서 더 멀리 서서 체중을 왼발과 발가락 쪽에 더 싣고 균형을 유지하라. 그리고 그립을 짧게 잡고 작은 스윙 아크를 상쇄시키기 위해서 좀 더 강하게 스윙해야 한다.

볼이 발보다 아래에 있을 때는 볼이 오른쪽으로 날아가서 오른쪽으로 바운스가 일어나므로 왼쪽을 겨냥해야 한다. 이번에는 반대로 볼에 더 가까이 서서 왼발과 발뒤꿈치 쪽에 체중을 더 싣는다. 그리고 허리를 더 숙여서 그립의 끝을 잡고 큰 아크를 조절할 수 있도록 스윙을 부드럽게 해야 한다.

볼이 발보다 높을 때(업힐)

볼이 발보다 낮을 때(다운힐)

ADVANCED

오르막 경사에서의 칩핑은 쓸어 쳐라
— 데이비드 리드베터

솟아있는 그린이 많은 곳에서 플레이를 하다 보면 파 세이브를 위해 오르막 경사에서 칩핑을 할 경우가 빈번히 발생한다. 하지만 백스윙 시 손목을 살짝 코킹하여 가파르게 내려치는 일반적인 칩핑 방법으로는 뒤땅을 치는 결과가 되어 거리가 짧아진다. 마치 클럽이 땅에 처박히는 것과 같다.

이러한 상황에서는 볼을 때리지 말고 쓸어 치는 것이 필요하다. 오르막 경사에서는 볼이 더 많이 뜨기 때문에 로프트가 더 작은 클럽을 선택하여 아래에서 위로 쓸어 치듯 스윙할 것을 권한다. 다시 말하면 백스윙은 지면에 낮게 빼고 다운스윙은 지면 경사를 따라 위로 올라가게 스윙하는 것이다.

이렇게 하면 잔디에서 볼을 깨끗하게 칠 수 있을 것이다. 다만 볼이 그린에 착지되면 대개 바로 멈추지 않고 구른다는 것을 명심해야 한다. 왜냐하면 쓸어 올리는 동작은 볼이 클럽에 접촉될 때 백스핀이 적게 생기기 때문이다.

Before

> **셋업**
> 나의 부친이 포트 브래그에서 프로생활을 할 때 나를 케이프 피어 밸리로 데려간 적이 있다. 마침 그날은 트릭 샷의 전문가 폴 한이라는 사람이 와서 강습을 하는 날이었다. 폴은 가슴 높이의 티를 땅에 꽂아 놓고 관중들로부터 그 위에 올려놓은 볼을 치기 위해 도전하라고 시켰다. 사람들은 모두 클럽을 허공에 휘둘렀고 관중들의 웃음을 자아낼 만큼 재미있었다. 나는 그 장면을 보면서 사람들이 스윙할 때 다운스윙 시 원심력이 작용하여 클럽헤드가 볼 위치보다 더 바깥에서 움직이는 것을 알 수 있었다. 그 다음 폴이 나와서 팔을 충분히 편 채로 어드레스를 취해서 볼을 강타했다. 나는 폴의 방법을 칩핑할 때도 적용한다. 팔을 펴고 클럽헤드를 지면에서 약간 뗀 채로 어드레스를 한다. 이렇게 한 뒤로는 뒤땅을 거의 치지 않는다. 칩샷을 할 때 볼을 견고하게 치기 위해서는 어드레스 때 클럽을 땅에서 약간 떼어놓는 것이 도움이 된다.
>
> — 레이몬드 플로이드

After

ADVANCED

그린 주변 내리막 경사에서는 퍼터를 사용하라

— 부치 하먼

요즘에는 그린을 매우 빠르게 조성하므로 어프로치샷이 많이 굴러서 그린 뒤편 러프 가까이 프린지까지 굴러가는 경우가 많아졌다. 굴러간 볼이 그린을 넘어 프린지 짧은 잔디 위에 있다면 당신은 퍼팅을 선택할 것이다. 하지만 잔디가 방해된다면 퍼터를 사용해서 칩샷을 하듯 볼을 쳐라.

프린지에서 퍼팅을 하기 위해서는 퍼팅 셋업을 한 다음 그립을 잡기 전에 사진과 같이 왼팔을 왼무릎으로 떨어뜨린다. 이 자세는 왼쪽 어깨를 낮추고 백스윙을 가파르게 해주며 퍼터헤드가 잔디에 접촉되지 않도록 도와준다(헤드가 큰 반달형 퍼터를 사용할 때는 적용되지 않는다.).

사진과 같이 내리막 경사일 때는 왼쪽 어깨를 낮추는 것이 특히 중요하다. 그리고 백스윙에서 손목이 꺾이는 것을 허용하고 다운스윙 때는 내려치는 스트로크를 해야 한다. 퍼팅을 하는 것보다 볼을 더 때린다는 느낌이 있어야 한다.

1

칩핑 통계

투어프로의 세이브 확률은 얼마나 될까?
— 피터 샌더스

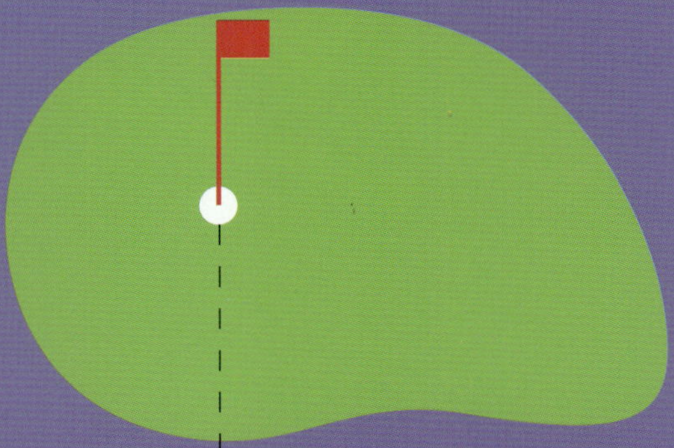

10야드 이하 **85**%

10~20야드 **65**%

20~30야드 **51**%

30야드 이상 **29**%

*2010 PGA 투어 192명 중 스크램블링(그린을 놓친 홀에서 파 이상의 스코어를 기록하는 비율) 부분 기록에서 발췌

샌드웨지의 중요성

샌드웨지를 자신의 보물로 삼아라. 나는 3번의 US 오픈과 20번의 PGA 투어, 그리고 45번의 챔피언스 투어를 우승했는데, 그 많은 우승 비결에는 56도 샌드웨지가 있었다. 나는 어드레스 때 클럽페이스를 열거나 닫아서 로프트를 다양하게 만들어 사용하였다. 지금은 52도와 58도 샌드웨지를 가지고 다니지만 58도 웨지의 효율성은 다소 제한되어 있다.

대부분의 아마추어들에게는 한 가지 샌드웨지만을 사용하여 그립을 짧게 또는 길게 잡거나 클럽페이스와 볼의 위치, 그리고 스윙의 크기를 조절하여 다양한 샷을 만드는 데 익숙해지는 것이 필수적이다. 로브웨지는 볼 밑을 빠르게 지나가게 쳐야 하므로 완전히 익숙해지지 않으면 샷이 솟아올라 짧아지거나 탑핑이 나오게 되기 때문에 신뢰하기 어렵다.

– 헤일 어윈

ADVANCED

꼭 세이브를 해야 되는 상황이라면

— 아니카 소렌스탐

짧은 칩샷 상황에서는 스윙을 하는 동안 불필요한 보정동작을 하지 않기 위해서 클럽페이스를 에임라인에 직각으로 놓는 것이 중요하다. 나는 어드레스 때 클럽페이스를 오픈하는 습관이 있었는데, 볼을 똑바로 치기 위해서는 임팩트가 이루어지는 동안 클럽페이스를 돌려주는 보정동작을 해줘야 했다.

그 다음 백스핀은 칩핑을 할 때 또 다른 문제이다. 스핀이 얼마나 걸리는가는 칩핑 스타일과 볼의 종류에 따라 달라지겠지만 반드시 예측 가능해야 한다. 그리고 그것은 일관된 타격에 달려있다. 볼을 스탠스 중간보다 뒤에 놓고 체중을 왼발 위에 싣고 어깨를 좌우로 움직여 친다. 이렇게 친 볼은 2번 바운스 된 다음 속도가 줄면서 굴러야 한다.

나는 또한 몸의 왼쪽이 스윙 진행을 방해하지 않도록 타깃을 향해 미리 세팅하는 오픈 스탠스를 취하는데, 그 전에 항상 클럽페이스는 스퀘어로 놓는다. 이렇게 스퀘어로 놓고 스윙을 시작하면 클럽의 자연적인 회전동작에 의해서 임팩트 때 다시 스퀘어 상태로 돌아오게 될 것이다.

> **플레이 전략**
>
> 좋은 라이에서 칩핑을 할 때는 볼의 위치가 퍼팅 때보다 더 뒤쪽에 있어야 하며 체중은 왼쪽에 더 실어야 한다. 반대로 열악한 라이에서는 체중을 좀 더 왼쪽에 두고 몸을 왼쪽으로 기울인 다음 볼을 오른발에 가깝게 놓아야 한다. 단, 몸을 왼쪽으로 더 기울이고 볼을 더 오른쪽에 놓을수록 필요한 탄도를 만들기 위해서는 로프트가 더 큰 클럽을 사용해야 한다.
>
> – 폴 런얀

`ADVANCED`

중압감 속에서 홀에 붙이는 칩핑 방법
– 어니 엘스

나는 토너먼트에서 플레이할 때는 기술적인 면을 전혀 생각하지 않는다. 오로지 스코어를 잘 내기 위해 플레이한다. 하지만 파이널 라운드가 진행되는 오후, 심한 압박감이 찾아올 때는 긴장감으로 인해 내가 하고자 하는 것을 방해받게 되는데, 특히 그린 주위에서는 더욱 그렇다. 마찬가지로 당신이 중요한 게임을 할 때 긴장감이 몰려오는 상황에 처한다면 스윙의 기술적인 생각에서 벗어나야 한다.

기술적인 문제는 아니지만 긴장이 될 때 가장 영향을 크게 받는 부분이 그립이다. 긴장이 되면 무의식적으로 그립을 세게 잡기 때문에 부드러운 스윙이나 자연스러운 릴리스가 잘 되지 않는다. 이때 그립을 부드럽게 잡으면 당신의 스윙은 놀라울 정도로 안정될 것이다. 나 역시 긴장이 될 때마다 그립을 부드럽게 잡는 것에 집중하여 원하는 샷을 한다.

예를 들면, 나는 범프앤드런샷(bump-and-run shot)에 약점이 있는데, 중압감 속에서는 그 샷을 시도하지 않는다. 또한 볼이 굴러갈 수 있는 충분한 여유 공간이 있는 그린에서도 오히려 로프트가 큰 클럽을 사용하여 그립을 부드럽게 잡고 내가 좋아하는 샷을 해서 좋은 결과를 얻는다.

ADVANCED

정확도를 높이기 위해서는 볼이 떨어지는 지점을 정하라

– 비제이 싱

나는 칩핑을 할 때 볼이 떨어지는 지점을 가장 중요하게 생각한다. 따라서 볼을 어느 곳에 떨어뜨릴 것인가를 정하는 것이 1순위이다. 볼이 떨어져서 바로 멈추거나 굴러가는 것을 감안해서 지점을 정하고 그곳에 볼을 떨어뜨린다.

칩샷을 할 때는 로브웨지를 주로 사용하지만, 30야드 이상 되는 거리에서는 좀 더 멀리 보내야 하기 때문에 피칭웨지를 사용한다. 아마추어들에게는 칩핑을 위해 고안된 치퍼가 가장 안전한 클럽이 될 수도 있다.

ADVANCED

그린 주위 러프에서 홀에 가깝게 붙이는 칩핑 방법

– 닉 프라이스

볼이 그린 바로 밖 러프 안에 있다면 가장 어려운 상황이 될 것이다. 이때는 샷에 대한 믿음과 확신이 가장 중요하다. 그리고 클럽을 볼 아래로 가속시켜야 한다. 내가 이 샷을 할 때는 56도 웨지를 사용한다. 핵심은 볼을 친 다음 손이 엉덩이 높이에 올 때까지 멈추지 않고 스윙을 해주는 것이다. 다음 샷은 그린 위에서 퍼팅을 하는 것이 목적이므로 스윙을 너무 소극적으로 작게 해서 그린에 못 올라가는 일이 없도록 해야 한다.

피트니스 팁

허벅지 뒤쪽 근육 신축운동으로 자세를 개선시켜라

– 마크 베르스테겐

칩핑을 할 때 몸을 일으키고 숟가락으로 볼을 퍼내듯이 힘을 잘못 사용하여 볼을 뜨게 하는 실수는 스윙 자세를 견고하게 유지하는 것이 어렵기 때문이다. 견고한 스윙 자세는 강하고 유연한 허벅지 뒤쪽 근육이 결정적인 역할을 한다. 그럼 허벅지 뒤쪽 근육을 단련하는 방법을 알아보자.

❶ 왼발로만 지탱하고 서서 양팔을 옆으로 넓게 벌린다.
❷ 그 다음 상체를 앞으로 숙이고 오른발을 뒤로 들어서 몸을 지면과 평행이 되게 한다.
❸ 왼발의 허벅지 뒤쪽 근육이 당겨지는 것을 느낄 때 다시 처음 자세로 돌아간다.
❹ 발을 바꿔 반복한다.

03 피칭
PITCHI

타이거 우즈는 2005 마스터스 토너먼트에서 기적과 같은 피치샷으로 버디를 기록하는 명장면을 연출하며 우승의 발판을 마련하였다.

피칭의 이해

피치샷은 중간 정도의 성격을 가진 샷이라 생각하라. 피치샷은 칩샷보다 먼 지점에서 높은 탄도로 치는 샷이지만 풀스윙보다는 짧고 낮은 샷이다. 스윙 관점으로 봐도 그렇다. 피치샷은 몸의 회전, 팔의 높이, 그리고 클럽을 가속시킨다는 점에서 긴 칩샷과 다를 바 없으며 풀스윙은 긴 피치샷과 다를 바 없다. 이러한 개념이 좋은 피치샷을 익히는 데 도움이 된다.

대부분의 피치샷은 타깃으로부터 50m 이내에서 구사하기 때문에 홀에 가까이 붙이기에 쉬울 것이라고 생각할 수도 있다. 하지만 아마추어들은 일관성 있는 피칭 동작에 대한 자신감이 없어 많은 어려움을 겪는다. 예를 들어, 볼이 너무 멀리 날아갈 것을 걱정하여 다운스윙을 너무 천천히 하거나, 볼을 공중에 띄우기 위해 임팩트 순간 손목을 구부려 퍼 올리는 동작을 함으로써 클럽 로프트 본연의 기능을 이용하지 못하는 결과를 만든다.

피치샷은 작은 풀스윙이고 몸의 회전동작이 필요하며 볼을 칠 때 클럽을 가속시켜야 한다는 점을 기억하라. 만일 당신이 이 개념을 받아들이고, 웨지의 로프트가 알아서 볼을 적정한 탄도로 띄운다는 사실을 믿는다면 올바른 피치샷 기술을 터득하게 될 것이다. 이제 이번 장을 통해 저명한 교습가들과 선수들의 피치샷에 대한 조언을 들어보자.

▶▶▶ 다음 페이지
데이비드 톰스의 피치샷 연속 동작

2.5m
투어프로들이 30야드(27m) 거리에서 피치샷을 했을 때 홀에서의 평균 거리는 2.5m이다.

- 핸디캡 25인 골퍼들의 경우 50야드(45m) 거리에서 피치샷을 했을 때 그린에 올리지 못하는 경우는 라운드 당 2.5번이다.
- PGA 투어프로 중 파 세이브 스크램블링 부문 최하위인 선수의 기록은 49%이다.
- 피칭에서 가장 중요한 것은 클럽의 가속화이다. 프로들은 피치샷을 할 때 아마추어보다 스윙 스피드가 40%까지 더 빠르다.

03 피칭

피칭의 이해

연습 팁 PRACTICE TIPS

BASICS

피치샷을 정복하기 위해서는 손목 코킹을 이용하라

– 루크 도널드

피치샷에서 가장 중요한 개념은 클럽헤드의 스윙에 따라 몸이 자연스럽게 따라가는 것이지, 몸의 움직임을 따라 클럽헤드가 스윙되는 것이 아니다.
셋업을 할 때는 볼을 약간 왼쪽에 놓고 손은 몸 가운데에 놓는다. 그리고 모든 피치샷은 클럽페이스를 살짝 오픈해서 친다. 백스윙 때는 클럽을 몸 주위로 돌리지 말고 위쪽으로 손목 코킹을 해서 토우가 하늘을 향하게 하고, 다운스윙에서는 백스윙 때 올라갔던 대로 손목 코킹을 풀면서 내려오면 된다. 마치 내려치면서 스윙하는 느낌을 갖는다. 그러면 클럽이 떨어지는 힘으로 인하여 내 몸은 피니시까지 자연스럽게 진행한다.

낮은 탄도의 피치샷

바람이 많이 불거나 볼이 나뭇가지 아래에 있을 때 등의 경우에는 낮은 탄도의 피치샷이 유용하다. 낮은 피치샷의 요령은 다음과 같다.

첫째, 스탠스를 좁게 하고 약간 오픈 스탠스를 취하고 볼을 오른발에서 2.5cm 정도 안쪽에 둔다. 그 다음 스윙을 비교적 안쪽으로 하는 것에 집중한다. 둘째, 어깨를 더 돌려줘야 한다. 왼쪽 어깨가 볼 뒤까지 오도록 돌려서 턱 밑으로 넣어준다. 이렇게 몸 주위로 둥글게 하는 백스윙은 임팩트를 지날 때까지 몸과 클럽헤드의 회전을 쉽게 해준다. 하지만 볼을 세게 칠 필요는 없다. 그저 팔로스루를 짧게 해주면 된다.

– 닉 팔도

프로의 스윙

더 좋은 피치샷을 하기 위해서는 벙커샷을 머릿속에 그려 보아라

– 론 카스프리스크

대부분의 아마추어들은 볼이 멀리 날아갈 것을 두려워한 나머지 클럽을 감속시켜서 치는 실수를 범하곤 한다. 하지만 만일 피치샷을 벙커샷과 같이 생각한다면(클럽페이스를 열고 백스윙 때 코킹을 사용해서 볼의 뒤를 치며 볼 밑으로 가속시켜 통과하게 만든다.) 그 두려움이 사라지고 볼을 띄워서 그린 위에 잘 올릴 수 있다. 즉, 볼 바로 뒤의 한 지점을 정한 다음 클럽페이스를 열고 모래가 없는 벙커샷을 치듯이 하면 된다.

BASICS

왼발을 축으로 회전하라

– 스탠 어틀리

중간 거리의 피치샷은 일반 플레이어들이 자주 접하는 샷이지만 가끔 어려움을 겪기도 한다. 여기서 조심해야 할 사항은 스윙의 크기를 판단해야 하고, 임팩트까지 클럽의 속도를 늦추면 안 된다는 점이다.

성공적인 샷을 위해서는 팔을 너무 많이 뻗어 크게 하는 스윙을 피해야 한다. 그리고 체중을 왼쪽에 싣고 손목을 유연하게 사용해서 왼발을 중심으로 회전해야 한다. 팔은 수동적으로 움직이게 하고 몸을 회전시키면서 클럽헤드의 속도를 내어 샷의 거리를 맞춘다.

BASICS

그린 주위 조금 먼 곳에서는 피치앤드런샷을 하라

— 부치 하먼

그린 주위 페어웨이와 같이 짧은 잔디 위에 볼이 있고 홀 앞에 그린의 여유 공간이 넓은 곳에서는 피치앤드런샷(pitch-and-run shot)이 가장 적합하다. 이럴 때는 TV에서 프로들이 홀을 향해 높이 쳐서 바로 멈추게 하는 그런 어려운 샷을 할 필요가 없다. 오히려 9번 아이언이나 웨지를 사용하여 볼을 스탠스 중간보다 약간 뒤쪽에 놓고 체중을 왼발에 놓은 다음 손을 앞으로 기울여서 샷을 하면 좋다.

그리고 어느 곳에 볼을 떨어뜨린 다음 굴러가게 만들 것인가에 집중해야 한다. 이때 볼이 굴러가는 것을 예측하기 쉽도록 첫 번째 바운스가 그린 위에서 일어나게 하는 것이 가장 좋은 방법이다. 백스윙은 똑바로 중간쯤까지 하고, 다운스윙은 볼을 향하여 클럽을 가속시킨 다음, 팔과 클럽이 홀을 향할 수 있도록 피니시를 해준다. 손이 아닌 몸과 팔 스윙, 즉 몸의 회전에 따라서 팔이 같이 스윙되게 해야 한다. 임팩트 땐 손을 사용해서 볼을 치려는 충동을 억제해야 된다.

BASICS

한손으로만 연습해서 올바른 감각을 느껴라
– 제프 오길비

오른손으로만 웨지샷을 연습해보는 것은 릴리스 감각을 느끼는 데 매우 좋다. 이 동작은 본질적으로 피치샷을 작은 풀스윙의 느낌이 나도록 만든다.

나는 임팩트 때 샤프트를 앞으로 많이 기울게 하여 볼이 낮게 날아가는 실수를 자주 범했다. 처음에는 클럽을 꽉 잡아서 릴리스를 제대로 시키지 못해 일관성 있는 임팩트를 만들 수 없었다. 그래서 피칭을 더 풀스윙같이 생각하고 마치 페어웨이에서 7번 아이언을 치듯이 오른손으로만 스윙하고 릴리스를 하는 연습을 했다. 그리고 이 방법을 통해 탄도가 더 높은 피치샷을 익힐 수 있었다. 이제는 낮은 탄도의 피치샷을 치고 싶을 때 단순히 피칭웨지나 9번 아이언을 사용한다.

짧은 피치샷 구사 요령

짧은 피치샷은 스탠스를 좁게 하고 무릎을 좀 더 굽혀서 하는 칩샷과 비슷하다. 체중을 왼발 쪽에 싣고 셋업 때부터 임팩트가 끝날 때까지 항상 손을 클럽헤드보다 앞서게 해야 한다. 그리고 몸의 움직임은 적게 하고 클럽을 하향타격으로 땅을 치기 전에 볼을 먼저 쳐야 한다.

하지만 볼을 높게 띄우고 그린에 떨어진 후 바로 멈추게 하기 위해서는 왼발이 타깃라인보다 약간 뒤로 빠지는 오픈 스탠스를 취해야 한다. 이 자세는 백스윙 때 칩핑을 할 때보다 클럽이 바깥쪽으로 빠지게 하고 볼을 약간 깎아 치게 만들어서 더 많은 스핀을 만들어낸다. 로프트를 더 크게 만들고 샷에 스핀을 더하기 위해서는 손목 코킹을 가파르게 백스윙하고 임팩트 후까지 코킹을 유지하도록 노력한다. 여기서 손목 코킹과 스윙하는 동안 계속 코킹을 유지하는 것이 이 샷의 핵심이다. 볼을 앞에 놓고 플레이 할수록 탄도는 높아질 것이다.

– 게리 플레이어

더 낮게

더 높게

BASICS

낮은 탄도의 피치샷 방법
— 릭 스미스

아마추어들에게 자주 듣는 질문 중 하나는 투어프로들은 어떻게 50야드 피치샷을 낮은 탄도로 쳐서 그린 위에서 몇 번 바운스 시킨 후에 바로 멈추게 하는 가이다.

그렇게 하기 위해서는 상당한 클럽헤드 속도로 하향타격을 하는 것이 핵심이고, 또 다른 중요 포인트는 임팩트를 통과하는 동안 클럽이 어떻게 진행되는가 이다. 만일 낮은 탄도로 날아가서 그린에 바로 멈추는 피치샷을 치기 원한다면 팔로스루 때 클럽의 토우가 하늘을 향하도록 해야 한다.

본질적으로 낮은 피치샷은 클럽이 임팩트 구간을 지나는 동안에는 풀스윙의 단축형이라고 볼 수 있다. 팔로스루에서 토우가 하늘을 향하도록 돌려주는 것은 마치 페어웨이의 좋은 라이에서 일반 아이언샷을 하는 것과 같고, 이는 클럽페이스의 로프트를 줄여주는 결과로 이어진다.

그리고 이 동작에서 부가적으로 얻을 수 있는 이점은 백스핀이 잘 생기도록 클럽헤드 스피드가 증가된다는 것이다. 바로 이점이 볼이 착지된 후 바로 멈추게 만드는 비결이다.

BASICS

높은 탄도의
피치샷 방법
— 잭 존슨

가장 먼저 라이를 잘 살펴야 한다. 단단한 라이, 즉 맨땅이나 짧게 깎인 페어웨이에서는 클럽페이스가 볼 밑을 통과하는 것이 더 어려워진다. 만일 라이에 대한 자신감이 없다면 다음과 같이 색다른 샷을 시도해보라.

볼을 높게 치기 위해서는 스탠스를 오픈시켜야 한다. 셋업 시 몸을 타깃보다 왼쪽으로 향하여 정렬하면 피니시까지 스윙이 원활하게 되는 데 도움이 된다. 체중을 왼발 쪽이 더 두는 것도 같은 이유이다.

손목은 벙커샷을 할 때처럼 백스윙을 하면서 코킹을 한다. 손목 코킹은 볼을 더 높이 띄우는 데 도움이 되며, 더 높이 치기를 원한다면 코킹을 더 해줘야 한다. 높은 탄도의 샷을 만들기 위해서는 몸통 회전을 많이 하기 보다는 마치 팔로 스윙하는 느낌을 가져야 한다. 클럽이 볼 밑으로 얇게 지나간다면 클럽의 로프트가 볼을 높게 뜨게 만들 것이다.

BASICS

프로처럼 피치샷을 하라
— 부치 하먼

아마추어 골퍼들은 볼을 아주 높게 띄우려고 하는 것을 자주 볼 수 있다. 반대로 투어프로들은 거리를 더 잘 맞추기 위해 탄도를 낮게 친다. 간혹 높은 탄도의 샷이 필요하긴 하지만 기본적인 피치샷은 착지 후 적당하게 구르는 낮은 탄도의 샷이다. 사진을 보면 프로들의 낮은 피치샷과 일반 아마추어들의 높은 피치샷 동작을 비교할 수 있다.

프로들은 볼의 위치를 스탠스 중간보다 약간 뒤에 놓고 다운스윙 때 샤프트를 앞쪽으로 기울여서 임팩트를 할 때까지 그 각도를 유지하는 것을 볼 수 있다. 반면에 아마추어들은 볼을 앞쪽에 놓고 볼을 치는 동안 체중이 오른발에 그대로 남아있고 손목을 써서 볼을 퍼 올리려고 하고 있다. 이러한 손목 사용은 뒤땅이나 탑핑을 유발하고, 결국 이러한 샷을 할 때마다 두려움을 갖게 된다.

이렇게 생각해보자. 프로들은 어드레스 때 클럽을 땅에 대면서 취한 로프트를 스윙하는 동안 그대로 유지한다. 반면에 아마추어들은 임팩트 순간 로프트를 더해주기 위해 노력하는데, 이렇게 로프트를 더해주는 손목 동작은 불필요하며 볼을 정확하게 치지 못하는 원인이 된다.

결론적으로 말하면 피치샷을 할 때 볼의 위치를 뒤로 하고 샤프트를 앞으로 기울여라. 이렇게 하면 더욱 향상된 샷을 할 수 있으며 두려움이 사라질 것이다.

BASICS

피치샷의 탄도를
조절하는 간단한 방법

– 짐 플릭

1988년 경비행기 추락사고로 숨진 데이비스 러브 주니어는 골프 교습가로서 대단히 유명했다. 하지만 데이비스 러브 3세의 부친인 그가 훌륭한 플레이어였다는 사실을 아는 사람은 많지 않다. 그는 1964년 마스터스 대회에서 1라운드 후 공동 선두를 이뤘고, 1964년 로열 리담에서 열렸던 브리티시 오픈에서는 잭 니클라우스와 함께 공동 5위를 기록한 바 있다.

그 해 브리티시 오픈에서 그는 바람이 심하게 불고 코스가 딱딱한 상태임에도 불구하고 마술 같은 피치샷을 선보였다. 그가 나중에 나에게 그 비결을 말해주었는데, 그것은 피치샷의 탄도를 조절하는 것이었고, 그것을 잘하기 위해서는 그립의 악력을 조절해야 한다는 것이었다.

높은 피치샷을 하기 위해서는 그립을 부드럽게 잡아야 한다고 했다. 그립의 강도를 1에서 10으로 나눌 때 2~3 정도의 강도로 잡아야 한다는 것이다. 그러면 클럽이 볼 밑을 지날 때 자유롭게 릴리스되어 로프트를 더해주게 된다. 반면에 낮은 피치샷을 하고자 할 때는 그립을 6~7 정도의 강도로 좀 더 단단하게 쥐어야 한다. 이 방법은 스윙을 하는 동안 그립이 볼보다 앞서도록 유지시켜서 로프트의 변화 없이 볼을 안정되게 임팩트 할 수 있게 해준다.

피치샷을 연습할 때 한 가지 클럽만을 사용하여 그립의 악력을 조정해서 시도해보라. 이렇게 해서 탄도가 얼마나 달라지는지 주목하기 바란다.

ADVANCED

거리 조절을 향상시키는 방법
– 데이비드 리드베터

피치샷의 거리 조절을 위해 가장 많이 사용하는 방법은 백스윙의 크기를 조절하는 것이라고 배워왔다. 하지만 백스윙의 크기를 정확하게 어느 정도로 해야 하는지 알기란 매우 어렵다.

백스윙의 크기가 제대로 됐는지 고민하기보다는 왼팔이 지면과 평행이 되는 한 가지 백스윙, 즉 하프스윙만 실시해 보자. 이러한 백스윙 상태에서 임팩트를 이룰 때까지의 가속 여부가 거리 조절의 열쇠이다.

예를 들어, 90야드 샷을 하기 원한다면 시속 90마일의 속도를 생각하며 스윙하고, 70야드를 보내기 원한다면 시속 70마일의 속도로 클럽을 보내는 것이다. 비록 이 속도가 정확하지는 않더라도 피치샷을 할 때 거리 조절을 향상시킬 수 있는 좋은 심리적 개념이 될 것이다.

> **피치샷은 스핀을 걸지 마라**
>
> 나는 피치샷을 할 때 과도한 백스핀을 거는 것에 반대한다. 피치샷은 스핀을 걸지 않는 것이 스핀을 거는 것을 배우는 것보다 더 쉽기 때문이다. 스핀을 최소화하기 위해서는 다음과 같은 순서를 따르기 바란다.
>
> 첫째, 어드레스 때 스탠스를 좁히고 약간 꼿꼿하게 선다. 둘째, 백스윙을 할 때도 그 자세를 그대로 유지하고, 오른쪽 엉덩이 회전을 최소화하며, 코킹을 할 때 오른발에 체중이 과도하게 실리지 않도록 해야 한다. 이렇게 하면 스윙이 간결해진다. 셋째, 다운스윙 때는 코킹을 일찍 풀면서 볼을 아래에서 위로 토스하듯이 스윙한다. 이때 인사이드 아웃 스윙 궤도가 되도록 왼쪽 다리를 펴고 왼쪽 엉덩이를 돌려줘야 한다. 이때 클럽으로 볼을 올려치는 감각을 가져야 하며 피니시 때 오른발은 엄지발가락만 지면을 딛고 있어야 한다.
>
> – 필 로저스

ADVANCED

로브샷을 하는 방법
— 션 폴리

가장 일반적으로 배워왔던 로브샷 방법은 어드레스 때 스탠스와 클럽페이스를 오픈시키고, 스윙하는 동안 오픈된 클럽페이스를 유지하며 토우라인을 따라 볼을 약간 아웃 투 인으로 깎아 치는 것이다. 그러나 이 방법은 스윙을 얼마나 세게 해야 하는지와 볼의 착지지점을 정확하게 판단하기 어렵기 때문에 방향과 거리 조절의 일관성이 떨어진다.

스테판 에임스 같은 훌륭한 선수도 이러한 샷을 하는 데 어려움을 겪고 있었다. 그는 가끔 볼을 띄우기 위해 체중을 오른발 위에 두는 실수를 저질렀다. 그래서 나는 다음과 같은 방법으로 교정을 했다.

먼저 로프트가 큰 클럽을 가지고 클럽페이스를 열지 않고 타깃에 직각으로 놓고 스탠스를 취한다. 그 다음 손을 낮춰서 타깃의 반대 방향으로 기울이면 왼손목이 손등 쪽으로 굽게 된다. 이 동작의 목적은 손목 모양을 임팩트를 하는 동안 그대로 유지하여 클럽의 바운스(클럽 바닥의 불룩한 면)를 더 노출시킴으로써 로프트를 더 크게 만들어 볼을 더 높이 뜨게 만드는 것이다.

이 방법으로 하면 클럽페이스를 직각으로 셋업했기 때문에 방향 조절이 더 쉬워진다. 또한 클럽을 뒤로 눕혀 바운스를 더 노출시키면 클럽이 땅에 박히는 것을 방지할 수 있기 때문에 실수를 줄일 수 있다.

ADVANCED

하프스윙으로 까다로운 웨지샷을 하는 방법

– 필 미켈슨

많은 아마추어들은 하프스윙 웨지샷이 서툴 뿐만 아니라 특히 벙커나 물이 앞에 있으면 매우 두려워한다. 만일 뒤땅이나 탑핑을 치는 경향이 있거나 백스윙의 크기를 결정하지 못해서 샷이 길어지거나 짧아진다면 다음과 같은 방법을 시도해보라. 그러면 두려움을 없애주고 골퍼들이 원하는 거리 조절 능력을 더해줄 것이다.

먼저 스탠스를 오픈시키고 볼을 스탠스 중간보다 앞 쪽에 놓고 클럽페이스를 타깃에 맞추어 에임한다. 백스윙에서는 코킹을 충분히 하되 스윙의 크기를 제한하고, 다운스윙으로 볼을 치되 피니시 때 팔이 지면에 수평이 될 때까지만 해야 한다.

실전 전략 PLAYING STRATEGY

BASICS

피치샷을 할 때 긴장을 없애는 방법
— 스탠 어틀리

숏 게임을 할 때 몸이 굳어 있거나 힘이 잔뜩 들어가 있으면 결코 좋은 샷을 할 수 없다.

따라서 좋은 피치샷을 하기 위해서는 팔이 어깨에서부터 축 늘어지도록 셋업하고 몸의 회전이 잘 되도록 양발을 가까이 선다. 그리고 볼을 치기 위해서 팔로만 스윙하지 말고 몸을 돌려 스윙해야 한다. 스윙을 하는 내내 그립 끝이 벨트의 버클을 향하도록 하고 클럽의 바닥, 즉 바운스가 땅에 닿도록 해야 한다.

이때 만일 손을 돌리게 되면 클럽이 볼 밑으로 미끄러져 나아가는 것이 아니고 잔디를 파게 되어 실수가 발생한다.

BASICS

오르막에서의 피치샷 방법
— 짐 맥린

오르막 경사에서는 몸이 뒤쪽으로 기울어지므로 몸의 왼편이 더 펴지는 결과가 되어 정확한 임팩트를 하지 못하게 된다. 이것을 보정하려면 왼발을 뒤로 빼고 무릎을 더 구부려야 한다. 또한 몸을 타깃 쪽으로 회전시키기가 어렵기 때문에 스탠스를 마치 볼을 치고 난 후 자세처럼 미리 셋업을 하는 것이 좋다. 오르막에서 몸을 회전하지 않고 쳐야 하는 이유는 볼을 띄우기 위해서 힘이 필요하기 때문이다. 경사면은 클럽의 로프트를 더 크게 만드는 효과가 있기 때문에 볼을 치면 목표지점보다 짧아지기 쉽다. 하지만 그래도 나는 샌드웨지를 선호하며, 특히 잔디가 거칠 때에도 샌드웨지 사용을 권한다.

이와 같은 오픈 스탠스의 또 다른 이점은 아웃 투 인 스윙을 유발하여 클럽이 가파르게 볼 밑의 잔디를 통과할 수 있게 만든다.

> **로브샷 기술**
> 홀 앞에 해저드가 있고 그린에 여유 공간이 적은 상황에서 피치샷을 할 때는 높게 떠서 천천히 날아가 원하는 지점에 멈추는 샷을 원할 것이다. 이러한 샷을 하기 위해서는 첫 번째로 어드레스 때 볼과 클럽헤드를 평소 때보다 한참 뒤쪽에 놓아야 한다. 백스윙은 뒤로 똑바로 빼면서 손목 코킹을 일찍 시작한다. 그리고 다운스윙 때는 손이 클럽헤드보다 앞서게 하여 내려치고 손목의 스냅을 사용하여 볼을 친다. 그러면 백스핀이 많이 걸린 높은 탄도의 로브샷을 만들 수 있다. 스윙은 전체적으로 여유 있고 리듬감 있게 해야 한다.
>
> — 샘 스니드

BASICS

내리막에서의 피치샷 방법
– 토드 앤더슨

내리막 경사에서는 클럽페이스의 로프트를 더 크게 하기 위해서 다운스윙 시 클럽헤드가 앞서고 손이 뒤에 따라가듯이 하는 경향이 있다. 하지만 클럽의 리딩 에지가 지면을 쓸고 내려가야 한다는 것을 명심해야 한다.

셋업을 할 때 클럽을 땅에 올바르게 대고, 그립 끝이 바지 지퍼와 왼쪽 엉덩이 사이에 오도록 한다. 그리고 볼을 스탠스 중간보다 훨씬 뒤에 놓아라. 내리막에서의 샷은 오른쪽으로 낮게 날아가는 경향이 있기 때문에 짧은 클럽을 선택하고 왼쪽으로 겨냥해야 한다. 경사를 따라 내려치고 볼을 공중에 띄우려는 어떠한 의도적인 동작도 하지 마라.

BASICS

짧은 페어웨이에서의 피치샷 방법
– 아니카 소렌스탐

지면이 딱딱한 곳에서는 손목을 사용하여 볼을 띄우려는 스쿠핑 현상이 많이 일어나며, 이것은 뒤땅과 탑핑의 원인이 된다. 견고한 임팩트는 하향타격으로부터 오게 된다.

피치샷에서는 볼의 위치를 스탠스 중간에 놓고 체중을 왼발 쪽에 싣는 것이 보통이다. 이것은 지면을 치기 전에 볼을 먼저 칠 수 있도록 다운스윙 시 가파른 하향타격을 가능케 한다. 클럽은 볼을 친 후 곧바로 지면을 쳐야 한다. 다음과 같은 연습방법을 시도해보라.

친한 친구에게 볼이 있어야 하는 곳 바로 앞에 뒤꿈치를 지면에 대고 발가락 쪽을 지면에서 뗀 채 서 있게 하고, 웨지의 클럽페이스가 발바닥 아래로 들어갈 수 있도록 스윙해보라. 만일 손목을 써서 퍼올리면 클럽헤드가 뒤꿈치 밑으로 들어가지 못하고 발바닥을 치게 될 것이다.

이때는 손과 팔이 아닌 상체를 회전시키면서 피칭 동작을 조절해야 한다. 백스윙에서 팔로스루까지 몸과 팔 모두 같이 회전시키고, 피니시 때는 엉덩이와 어깨가 타깃을 향해야 한다. 이것은 높은 탄도의 샷을 할 수 있도록 클럽페이스의 각도를 유지시켜 준다. 임팩트 후에 클럽페이스가 위를 향하도록 하는 것도 잊지 않아야 한다.

BASICS

깊은 러프에서는 얼리 코킹을 하라
– 돈 허터

그린 주위의 촘촘한 러프는 골퍼들을 고민에 빠지게 한다. 스윙을 얼마나 강하게 해야 거친 러프를 잘 탈출하여 그린에 부드럽게 착지시킬 수 있을까? 이런 상황에서는 샷에 대한 믿음이 필요하며, 항상 그렇듯이 확신이 없으면 실수를 하게 된다.

해결방법: 비교적 큰 스윙이 필요하며 백스윙 때 얼리 코킹을 하고 볼을 칠 때는 클럽을 가속시켜야 한다.

가져야 할 느낌: 스윙을 멈추지 말고 클럽 페이스가 임팩트 후 자신을 향하도록 해야 한다.

BASICS

착지 후 바로 멈추는 샷을 하는 방법

– 데이비드 톰스

낮은 탄도로 쳐서 착지 후 2번 정도 바운스된 후에 바로 멈추는 샷을 하고 싶은가? 그렇다면 그립을 2.5cm 정도 짧게 잡고 볼을 중간보다 약간 뒤에 놓고 체중은 왼쪽에 두고 쳐야 한다.

또한 스윙을 하는 동안 몸의 회전이 잘 되도록 스탠스를 미리 오픈시켜 선다. 그리고 백스윙을 시작할 때 샤프트를 약간 앞으로 기울이고 백스윙의 크기는 거리에 따라 조절한다. 사진의 모습은 60야드 거리에서의 스윙이다.

다운스윙 때는 몸을 타깃 쪽으로 회전시키면서 클럽을 끌어당긴다. 볼을 칠 때까지 손은 클럽헤드보다 앞서게 해야 한다. 이때 손을 뒤집는 동작은 하지 말고, 몸을 회전시키고 팔로 스윙해서 클럽을 보내야 한다. 샌드웨지로 최대 거리를 보내는 스윙을 하지 않더라도 팔로스루에서 몸의 회전은 충분히 이루어져야 한다.

> **멘탈을 위한 팁**
>
> 샷을 하기 전에는 항상 볼을 보내고자 하는 지점을 바라봐라. 적절한 지점을 찾게 되면 마치 레이저 광선처럼 일직선으로 마음 속에 연결된다. 그 외에는 아무 것도 생각할 필요가 없다. 이것이 피치샷을 하는 데 상당히 도움이 되는 단순한 마음가짐이다. 나무나 물 같은 해저드는 전혀 고려할 필요가 없다. 오직 타깃만 생각하고, 그 곳으로 볼을 보내는 것에만 집중하라.
>
> – 밥 로텔라 박사

BASICS

러프 안에서 피치샷을 하기 위해서는 넓은 스탠스를 취하라

– 데이비드 리드베터

볼이 러프 안에 놓여 있다면 클럽헤드로 볼을 정확히 맞추기가 어렵기 때문에 정교한 샷이 거의 불가능하다. 이럴 땐 스탠스를 넓게 하고 무릎을 다소 과장되게 굽힌 상태로 스윙하라. 그러면 무게중심이 낮아져 클럽페이스가 볼 밑으로 잘 미끄러져 갈 수 있도록 할 수 있다. 또한 깊은 잔디에서 스윙할 때 몸을 안정적으로 유지해준다. 이것은 마치 그린 주위 벙커샷을 할 때와 흡사하다.

03 피치 실전 전략

BASICS

짧은 피치샷을 할 때 긴장감을 이겨내고 스윙하는 방법

— 행크 헤이니

짧은 샷을 할 때 가장 중요한 기본은 다운스윙 시 클럽의 최저점이 볼보다 앞쪽에 형성되어 클럽헤드가 땅에 닿기 전에 볼에 먼저 닿아야 한다는 것이다. 대부분의 아마추어들은 몸을 움직이지 말라고 배웠기 때문에 몸을 고정한 채 손을 사용하여 볼을 퍼 올리려고 한다.
그러나 이 동작은 정상적인 것과는 반대되는 것이다. 이 동작은 스윙의 최저점이 볼보다 뒤에서 이루어져서 뒤땅이나 탑핑을 유발하게 된다.
그것보다는 마치 풀스윙의 작은 모양이라 생각하고 손목을 견고하게 하여 샷을 하는 동안 몸통을 돌려줘야 한다. 그리고 볼의 앞쪽에 집중해서 클럽이 볼을 먼저 치고 나서 지면을 치도록 해야 한다.

BASICS

플롭샷은 클럽페이스가 볼 밑으로 미끄러져 지나가도록 쳐라

— 스튜어트 싱크

나는 플롭샷을 구사하기 어렵기 때문에 최후의 선택일 때만 시도하며, 아마추어들도 그렇게 해야 한다고 생각한다. 확신이 없는 스윙은 탑볼을 쳐서 그린 반대편으로 넘어가게 하거나 뒤땅을 치게 된다. 하지만 볼을 높이 띄워서 착지 후 빨리 멈추게 해야 되는 상황이라면 클럽헤드가 샤프트보다 앞서 나아가는 느낌으로 샷을 해야 한다.

볼을 띄우고 착지를 부드럽게 시키기 위한 충분한 클럽헤드 스피드를 만들기 위해서는 릴리스가 결정적 요인이 된다. 어드레스 때 로프트를 더 크게 하기 위해서 클럽페이스를 오픈시키고 그 상태에서 그립을 잡는 것이 중요하다. 이때는 손이 타깃 쪽으로 돌아가 있는 위크 그립을 잡아야 샷을 더 부드럽게 만들 수 있다.

하지만 가장 중요한 것은 그립을 잡기 전에 클럽페이스를 오픈시키는 것이다. 지면이 비교적 평평하면 볼을 더 띄우기 위해서 볼을 2.5~5cm 정도 앞에 놓는다. 그리고 클럽헤드가 샤프트보다 앞서는 스윙을 하면서 오픈된 클럽페이스가 볼 밑으로 미끄러져 지나가게 샷을 해야 한다.

백스핀 vs 높은 탄도의 샷
그린 위에 착지된 볼이 백스핀이 걸려 뒤로 끌려오는 장면은 매우 매력적으로 보일 것이다. 하지만 그런 샷은 맘대로 조절할 수 있는 것이 아니기 때문에 매번 그렇게 플레이 할 수는 없다. 모든 샷은 착지 후 앞으로 바운스가 일어나게 되어 있다. 만일 깃대가 벙커 바로 뒤에 꽂혀 있다면 백스핀을 걸어 볼이 뒤로 끌려오게 하기보다는 볼을 높이 띄워서 핀에 가까이 쳐야 한다. 60도 웨지를 사용하여 높이 띄우는 것이 더 쉬운 방법일 것이다.

− 모 노먼

ADVANCED

깃대 앞 그린에 여유 공간이 없을 경우 해결책
– 존 델리

볼이 그린에 올라가지 못하고 홀까지 그린에 여유 공간이 없는 경우라면 매우 난감할 것이다. 다소 위험하긴 하지만 이 상황에서 홀에 가장 가깝게 칠 수 있는 샷은 플롭샷이다.

플롭샷을 할 때는 벙커샷처럼 타깃 왼쪽으로 에임하고 볼을 스탠스 중간 앞쪽에 놓는다. 그리고 그립을 부드럽게 잡고 클럽페이스를 오픈시킨다. 그런 다음 풀스윙을 해서 슬라이스를 치듯이 볼을 깎아 친다. 이때 볼과 땅을 동시에 쳐야 한다. 임팩트 순간 클럽페이스가 돌아가지 않도록 해야 하며, 이렇게 치면 볼이 높이 뜨고 착지 후에는 잘 구르지 않는다.

콩그레셔널 컨트리클럽에서 열린 2011 US 오픈 마지막 라운드에서 로리 맥길로이가 메이저 챔피언이 되기 위한 샷을 날리고 있다.

03

피칭 실전 전략

ADVANCED

그린 위에 착지시켜 볼을 즉시 멈추는 방법

— 행크 헤이니

타이거 우즈는 다른 선수들의 장기를 유심히 관찰했다가 그 기술을 모방하고 소화시켜 자신을 더 발전시킨다.

예를 들면, 숏 게임의 대가라 불리는 세베 바예스테로스나 호세 마리아 올라사발, 그리고 그렉 노먼이 피치샷을 할 때 느리고 부드러운 스윙보다는 빠른 클럽헤드 스피드로 쳐서 백스핀을 걸어 볼을 바로 멈추게 하는데, 타이거는 그 점을 포착했다. 타이거는 볼이 그린에 착지한 후 구르기보다는 바로 멈추길 원했다. 그리고 피치샷을 할 때 빠른 클럽헤드 스피드로 홀에 가깝게 볼을 쳐서 바로 멈추게 함으로써 그린의 경사를 ᄎ정할 필요가 없게 만들었다.

이렇게 하기 위해서는 고난도 기술과 팔 동작을 완벽하게 익혀야 한다. 그렇지 않으면 탑핑이 되어 그린을 훌쩍 넘겨버리는 위험한 상황이 될 것이다.

피트니스 팁

피치샷을 할 때 몸의 회전을 돕는 훈련

– 마크 베르스테겐

피치샷을 올바르게 하기 위해서는 다운스윙을 해서 볼을 치고, 팔로 스루를 하는 동안 상체가 타깃 방향으로 회전되어야 한다. 그런데 대부분의 아마추어들은 이 샷을 팔로만 하는 경향이 있고, 더욱이 볼이 너무 멀리 갈 것을 두려워하여 임팩트 후에 스윙을 바로 멈춰 버리기도 한다. 이제 몸을 회전시키는 동작을 훈련하기 위해 다음과 같은 운동을 시도해보라.

사진과 같이 무릎을 굽혀 몸을 낮추고 옆으로 기울이는 운동이 매우 도움이 될 것이다. 왜냐하면 이 동작은 엉덩이 굴근, 둔근 및 사타구니 부위의 근육 및 몸통의 양쪽 사근을 스트레칭 해주기 때문이다. 이 부위의 유연성이 없이는 백스윙에서 피니시까지 스윙하는 동안 상체를 잘 회전시킬 수 없다. 이 운동을 잘하기 위한 방법은 다음과 같다.

❶ 오른발을 뒤로 빼서 펜싱의 공격 자세를 취하듯이 낮추고 오른쪽 엉덩이 근육을 수축시킨다.
❷ 오른손을 머리 위로 들어 상체와 함께 왼쪽으로 기울여준다.
❸ 다시 처음 자세로 돌아가서 발을 바꾸고 반대쪽도 반복한다.

04 벙커 플레이

BUNKE

2008 WGC 액센추어 매치플레이 챔피언십에서
그린사이드 벙커를 멋지게 탈출하는 필 미켈슨

04

벙커 플레이

R PLAY

135

벙커샷의 이해

그린 주위의 벙커샷은 볼을 직접 치지 않고 볼 뒤의 땅을 치는 치는 유일한 플레이이다. 많은 아마추어 골퍼들이 보통 샷을 할 때 볼을 먼저 치지 못하고 뒤땅을 자주 치기 때문에 의도적으로 뒤땅을 치는 샷을 쉽게 생각할 수도 있다. 하지만 결코 그렇지 않다. 왜냐하면 가까운 거리에서 볼을 높이 띄워서 부드럽게 착지시켜야 하는데, 대부분의 아마추어들은 볼을 너무 멀리 치는 것을 두려워하거나 손목으로 볼을 띄우기 위해 툭 치는 동작을 하기 때문에 스윙을 마지막까지 마치지 못하는 경우가 많기 때문이다. 이러한 방법으로는 볼을 벙커에서 탈출시키기 어렵다.

페어웨이 벙커샷은 그린사이드 벙커샷과는 반대로 해야 하는 샷이고, 성공적인 샷을 위해서는 올바른 동작이 요구되기 때문에 일반 아마추어들이 익히기에는 결코 쉽지 않다.

볼이 그린 주위 벙커 안에 있든 페어웨이 벙커 안에 있든, 첫 번째로 알아야 할 사항은 마음의 결정을 확실히 하고 샷을 해야 한다는 것이다. PGA 투어에서 뛰는 선수들은 벙커를 두려워하지 않는다. 사실 그들은 벙커샷에 아주 능하며 벙커는 한 번에 탈출할 수 있는 완벽한 장소라는 것을 알기 때문에, 가끔은 벙커가 있는 그린 쪽으로 에임하여 만일 샷이 짧을 경우 벙커에 빠지게 만들기도 한다. 그러므로 벙커샷을 정복하기 위한 첫 번째 조언은 도전을 하라는 것이다. 이제 벙커샷의 달인들의 조언을 통해 많은 도움을 받기 바란다.

▶▶▶ 다음 페이지
이안 폴터의 벙커샷 연속 동작

71.01%

1980년부터 PGA에서 벙커샷 기록을 통계화한 이후 시즌 평균 가장 좋은 샌드 세이브율은 1998년 키스 퍼거슨이 세운 71.01%이다. 이것은 최근까지도 가장 좋은 기록으로 남아 있다.

- 핸디캡 20인 골퍼가 그린사이드 벙커에서 탈출해서 1퍼트로 성공하는 확률은 10% 이하이다.
- 아마추어 골퍼들이 벙커샷을 한 후 홀까지 남는 평균 거리는 13.7m이고, 프로들은 3m 이하이다.

| 1 | 2 |
| 3 | 4 |

04 벙커 플레이 — 벙커샷의 이해

연습 팁 PRACTICE TIPS

BASICS

그린사이드 벙커샷의 기본 요소

— 행크 헤이니

투어프로들은 아마추어들처럼 벙커샷을 두려워하진 않지만 그 중에서도 벙커샷에 능한 프로들만이 샌드 세이브율 60% 이상을 기록한다. 이것은 무엇을 의미할까? 기본을 잘 배우면 두려움이 없어지고 성공에 대한 기대감을 높일 수 있다는 것이다. 벙커에서 잘 탈출하여 1퍼트로 끝낼 수 있는 기회를 가져야 하지만 대부분은 벙커에서부터 3번을 쳐서 마무리한다.

그린사이드 벙커에서 안전하게 탈출하기 위해서는 클럽페이스를 오픈시켜 클럽이 모래에 박히지 않고 튕겨져 나올 수 있도록 해야 한다. 볼의 뒤쪽 모래를 쳐서 모래 파편이 튀어 오르게 하려면 볼을 스탠스의 왼발 쪽에 가깝게 놓는다. 스윙을 할 때 핵심은 반드시 팔로스루를 해야 하며 몸을 타깃 쪽으로 돌려야 한다는 것이다.

대부분의 아마추어들은 클럽을 모래에 박고 모래의 저항이 느껴질 때 샷을 멈춰 버린다. 특히 벙커샷이 두려운 나머지 몸을 제자리에 고정시키고 팔로만 치게 된다. 하지만 만일 피니시를 분명히 한다면 항상 벙커 탈출을 성공적으로 할 수 있을 것이다.

BASICS

탑핑을 하지 않기 위하여 가파르게 스윙하라

— 짐 맥린

대부분의 플레이어들에게 샌드웨지는 그들의 골프백 안에 있는 클럽 중 가장 무거운 클럽이다. 그리고 샌드웨지의 무게를 잘 이용하면 벙커샷을 잘하는 플레이어가 될 수 있다.

스윙을 할 때는 백스윙 톱에서 클럽이 떨어지는 느낌을 가져야 한다. 그렇게 하기 위해서는 반드시 백스윙을 더 가파르게 해야 하는데, 일반 골퍼들은 이와는 반대로 하는 경향이 있다. 그러다 보면 스윙을 몸통 주위로 낮고 완만하게 하여 다운스윙 때는 너무 뒤에서 내려오기 때문에 모래를 얇게 파고들게 만들어 실수를 범하는 것이다.

벙커샷을 할 때는 클럽페이스를 열고 스탠스를 약간 오픈시킨 다음 백스윙을 가파르게 만들어라. 열린 클럽페이스와 가파른 백스윙이 조화를 이루면 좋은 벙커샷을 할 때 들리는 '찰싹' 하는 경쾌한 소리가 나게 된다. 그 다음 임팩트를 통과할 때 가속을 시키고 피니시 동작을 확인하기 위해 몇 초 동안 피니시 자세를 유지해준다.

프로의 스윙

나는 원하는 샷을 더 쉽게 하기 위해서 항상 머릿속에 좋은 이미지를 생각한다. 특히 내가 어릴 적 골프에 대해 배울 때는 더욱 그랬다. 마찬가지로 좋은 벙커샷을 하기 위해서는 수영장에서 물을 튀기듯이 벙커에서 모래를 쳐내는 것이라고 배워왔다. 그런데 골퍼들은 벙커샷을 할 때 클럽헤드가 볼을 벙커로부터 탈출시키는 것이 아니고 모래가 볼을 나가게 한다는 사실을 가끔 잊어버린다. 벙커샷은 느린 속도로 풀스윙을 하고 볼 뒤 모래를 퍼내듯이 쳐야 한다.

— 치 치 로드리게스

BASICS

클럽이 땅에 박히지 않도록 클럽페이스를 열어라
– 짐 플릭

나는 몇 해 동안 줄리어스 보로스나 샘 스니드와 같은 벙커샷의 대가들을 보면서 배운 것 중 하나가 클럽페이스를 많이 오픈시킨다는 것이다. 그러면 바운스가 많이 드러나기 때문에 클럽헤드가 모래에 박히는 것을 방지해준다.

많은 골퍼들이 그린 주위에서 벙커샷을 할 때 클럽페이스를 오픈시키는 것을 두려워한다. 그렇게 하면 샷이 오른쪽으로 날아갈 것이라고 생각하기 때문인데 사실은 그렇지 않다. 기억해야할 것은 클럽페이스가 어느 곳을 향하든지 간에 볼은 스윙 궤도를 따라 모래가 날아가는 방향으로 간다는 것이다.

클럽페이스를 더 오픈시킬수록 클럽 밑바닥의 볼록한 부분, 즉 바운스가 더 노출된다. 이런 상태에서 클럽이 모래에 박히는 것을 두려워하지 말고 볼 뒤의 모래를 과감하게 내려쳐야 한다. 이렇게 하면 실수를 줄일 수 있다.

가는 모래일수록 클럽페이스를 더 오픈시켜야 하고, 딱딱한 모래에서는 페이스를 조금만 오픈하고 체중을 왼발 쪽에 더 두어야 한다는 사실도 잊지 마라.

BASICS

벙커 탈출 실패를 방지하는 법

– 아니카 소렌스탐

❶ 모래를 너무 두껍게 치지 않기 위해서는 클럽헤드의 리딩 에지가 모래에 닿기 전에 바운스가 먼저 모래에 닿아야 한다. 그렇게 하기 위해서는 다음과 같은 연습을 추천한다. 벙커에 들어가 벙커를 고르는 고무래를 사진과 같이 놓고 바운스가 리딩 에지보다 낮게 놓이게 하기 위해 클럽페이스를 오픈시키고 고무래 위를 스쳐 지나가도록 스윙한다.

❷ 그러면 바운스로 치는 것이 어떤 느낌이라는 것을 바로 감지할 수 있을 것이다. 그 다음에는 그 감각을 실제 샷에 적용해보자. 먼저 클럽헤드가 볼 아래로 미끄러져 지나가게 하기 위해 몸을 약간 낮추어야 한다. 나는 이렇게 하기 위해 스탠스를 넓히는데 다른 사람들은 발을 움직여 모래에 묻기도 한다. 그 다음 볼을 왼발 뒤꿈치 쪽에 놓고 클럽페이스를 오픈시키는 것을 명심하라.

❸ 3/4 백스윙을 하고 임팩트 구간에서는 클럽헤드가 손보다 먼저 지나가도록 가속을 시켜야 한다. 클럽헤드가 모래를 밀어서 볼이 나가도록 하기 위하여 바운스가 볼 뒤 5~8cm 지점의 모래를 칠 수 있도록 해야 한다. 그리고 클럽헤드가 모래에 깊이 박히지 않도록 하기 위해서 몸을 회전시켜 피니시를 완성시켜라.

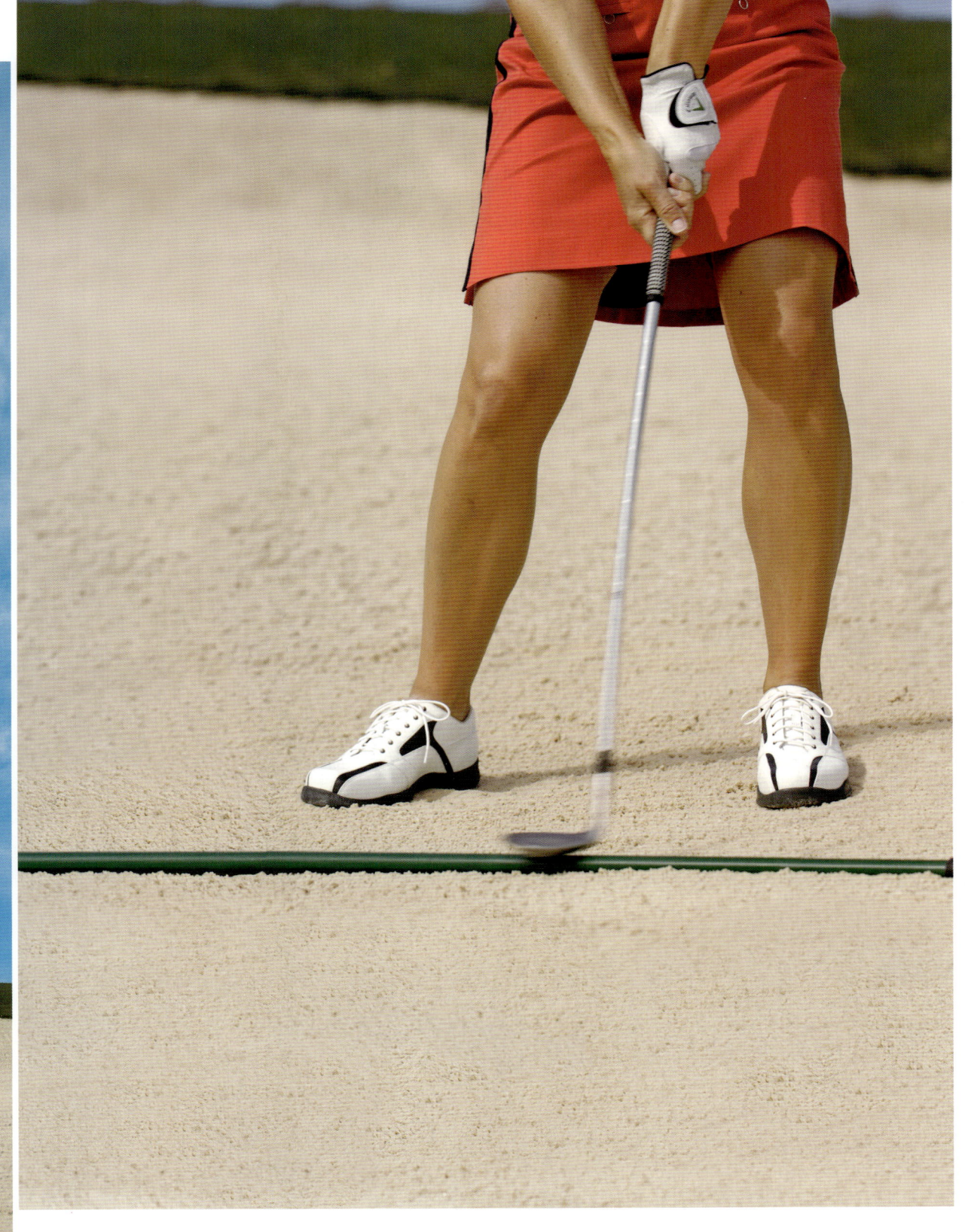

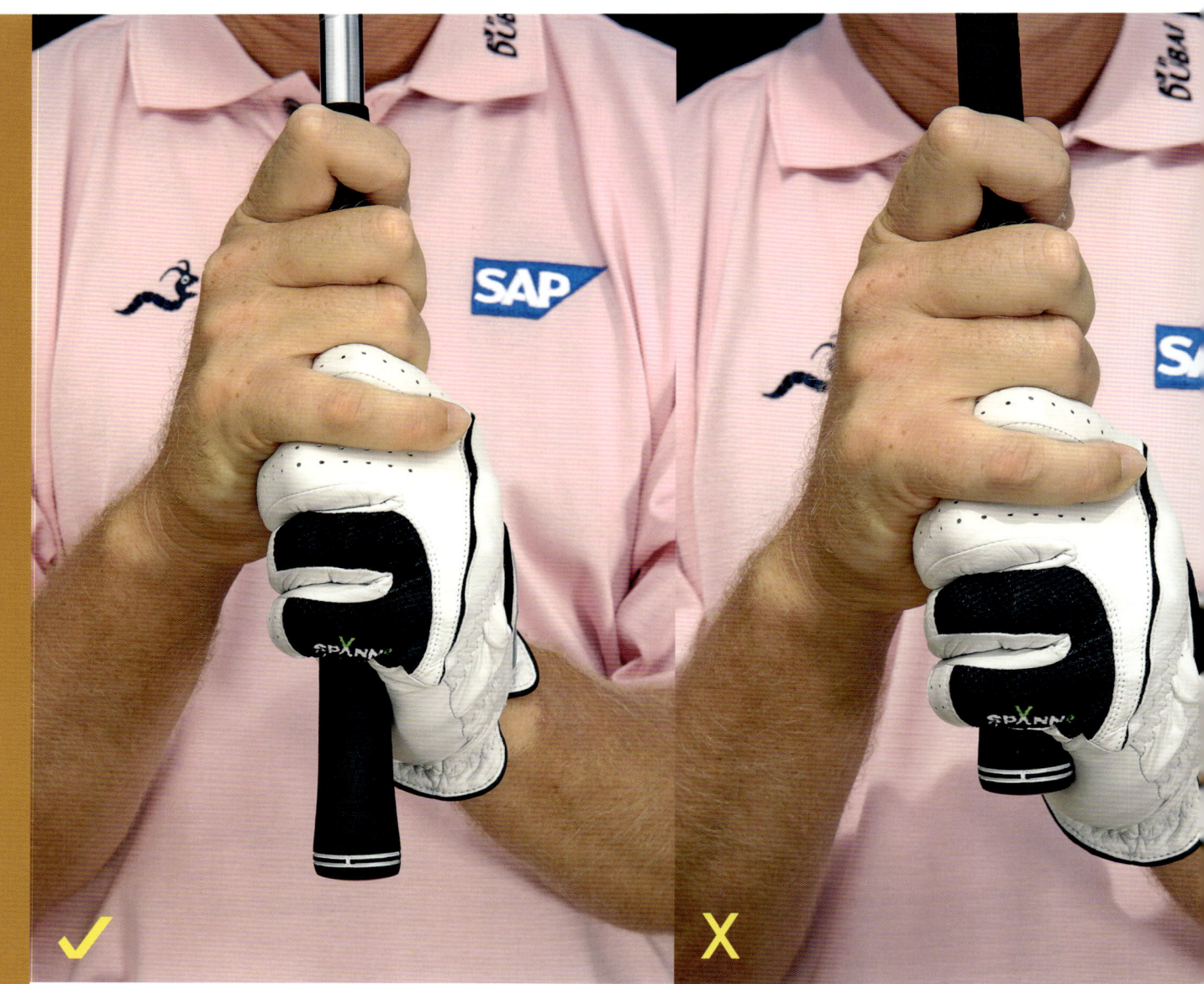

BASICS

페어웨이 벙커에서는
그립을 내려 잡고
하체를 고정시켜라

– 어니 엘스

페어웨이 벙커에서는 볼의 라이가 좋다면 볼을 치기가 생각만큼 어렵진 않다. 다만 뒤땅을 치지 않으면 잘 탈출할 수 있다.

나는 페어웨이 벙커샷을 바람이 불 때 페어웨이에서 치는 샷처럼 친다. 볼을 스탠스 중간에 놓고 몸을 고정시키기 위해 발을 모래에 묻는다. 거리보다 더 긴 클럽을 선택하여 5cm 정도 그립을 내려 잡는다. 그립을 내려 잡으면 발을 모래에 묻은 깊이만큼 높이를 상쇄시킨다.

이 샷을 할 때는 하체를 고정시키고 3/4 백스윙을 하는 것에 집중해야 한다. 그리고 볼을 먼저 치고 그 다음 모래를 쳐야 한다. 긴 클럽의 로프트가 더 세워져 있기 때문에 볼이 낮게 날아가지만 백스핀은 더 많이 걸린다는 것을 알아야 한다.

클럽 선택

벙커에서 알맞은 클럽 선택 요령
– 마이크 스타추라

만약 평평한 지면에 샌드웨지를 놓으면 클럽 바닥의 가장 낮은 부분이 지면에 닿고 리딩 에지는 클럽 바닥보다 더 높은 것을 볼 수 있다. 그 차이를 웨지의 바운스 또는 바운스 각도라고 부르는데, 리딩 에지와 클럽의 가장 낮은 부분과의 차이가 클수록 바운스 각도도 커지게 된다.

바운스 각도가 클수록 스윙을 가파르게 해도 클럽이 잔디를 잘 통과하는 데 도움이 된다. 이것은 특히 일반 골퍼들에게는 벙커에서 클럽이 모래에 잠기지 않고 클럽 바닥이 잘 미끄러져 나아가게 하는 데 큰 도움이 된다. 보통 대표적인 샌드웨지는 로프트가 56도이며 적어도 바운스 각도가 10도 이상이어야 한다. 바운스 각도가 더 큰 웨지(12~14도)는 부드러운 모래에서 더 효과적이다.

셋업

역대 어느 선수들보다 그린사이드 벙커샷을 잘 했던 톰 카이트는 벙커샷을 하기 전 프리 샷 루틴을 훌륭하게 실행했으며, 당신도 그를 따르는 것이 좋다.

샌드웨지의 페이스를 오픈시키고 그립을 높이 올려 잡는데, 그러면 피니시를 충분히 할 수 있다. 그리고 손이 볼보다 약간 앞에 오도록 하고 샤프트가 벨트의 버클을 향하게 한 다음 스탠스를 직각으로 선다. 이때는 클럽페이스가 오픈된 상태이기 때문에 타깃의 오른쪽을 향하고 있을 것이다.

이 상태에서 클럽페이스가 타깃 방향으로 직접 에임이 될 때까지 왼발과 엉덩이와 어깨를 점차 오픈시킨다. 또한 왼발 쪽에 좀 더 체중을 두어야 한다. 이렇게 하면 어깨라인을 따라 볼 뒤 2.5~10cm 지점을 칠 수 있는 훌륭한 준비가 된다.

— 하비 페닉

ADVANCED

벙커샷을 잘하려면 코킹과 릴리스를 연습하라

– 스탠 어틀리

만일 벙커샷을 잘하고 싶다면 반드시 매번 자신이 원하는 지점의 모래를 칠 수 있어야 한다. 이렇게 하기 위해서는 체중을 왼발 쪽에 유지하고 몸을 타깃 쪽으로 기울이듯 하라. 이 자세를 잘 취하면 마치 자신이 역 피봇으로 볼을 친다는 생각이 들 수도 있겠지만 실제로는 옳은 동작이다.

이때 유일하게 생각할 점은 그립 끝보다 클럽헤드 속도가 빨라야 한다는 것이다. 그리고 얼리 코킹을 하고 릴리스를 적극적으로 하여 샷을 해야 한다. 백스윙을 할 때나 팔로스루에서도 그립 끝이 몸의 중심에서 너무 멀어지지 않도록 주의하라.

ADVANCED

거리를 조절하기 위해서는 피니시를 조절하라
– 릭 스미스

벙커샷의 거리와 탄도를 조절하는 방법은 다양하지만 가장 쉽게 할 수 있는 것은 피니시의 위치를 달리하는 것이다. 백스윙의 크기나 스윙의 빠르기는 항상 일정해야 하지만 팔로스루의 크기는 원하는 볼의 거리나 높이에 따라 다르게 해야 한다.

이 방법을 익숙하게 하기 위해서 2개의 샷을 실시해보라. 백스윙을 똑같은 위치까지 하고 다운스윙의 속도를 똑같이 하지만, 첫 번째는 피니시를 낮게 하고 두 번째는 피니시를 높게 시도한다. 낮은 피니시의 벙커샷은 높은 탄도가 필요 없는 가까운 벙커에서 적합하고, 높은 피니시의 벙커샷은 턱이 높고 더 먼 거리의 벙커에서 적합하다.

어떠한 피니시를 하든 클럽헤드가 손보다 앞서 지나가도록 클럽을 릴리스해야 함을 명심하라. 그렇게 해야 클럽이 모래에서 확실하게 잘 빠져나올 수 있다. 마지막으로 생각해야 할 것은 다운스윙을 할 때 체중을 왼발 쪽에 두고 회전해야 한다. 만일 체중이 뒤에 남게 되면 클럽헤드가 볼 아래로 미끄러져 지나가게 하는 데 어려움을 겪을 것이다.

ADVANCED

페어웨이 벙커에서 볼을 견고하게 쳐내기 위해서 유리 위에 서 있다고 상상하라

— 부치 하먼

페어웨이 벙커샷에서의 가장 흔한 실수는 모래를 먼저 치는 것인데, 이것은 다운스윙 시 다리를 많이 움직이기 때문이다. 다리를 타깃 방향으로 밀고 나가면 무게중심이 낮아지는데, 이것은 잔디 위에서 볼을 칠 때는 좋지만 부드러운 모래에서는 뒤땅을 치게 만든다.

따라서 다리의 움직임을 제한하기 위해서는 더 긴 클럽을 선택하여 스윙을 살살 해야 한다. 만일 벙커 턱이 높다면 로프트가 충분한 클럽을 사용해야 하고, 벙커 턱이 낮다면 스윙을 부드럽게 해야 한다.

먼저 척추를 좀 더 반듯하게 세울 수 있도록 턱을 들어 셋업한다. 몸을 좀 더 세워 셋업하면 몸통 주위로 완만하게 스윙을 할 수 있어 볼을 더 수평으로 칠 수 있으므로 클럽이 모래를 깊게 파지 않게 된다. 그리고 아마추어들에게서 흔히 볼 수 있는 클럽을 내려치는 충동을 억제해야 한다.

그 다음 볼이 유리판 위에 놓여있다고 상상해보라. 그러면 유리판을 쳐서 깨지지 않도록 볼만 깨끗하게 쳐내야 한다. 이렇게 하려면 샷을 하는 동안 꼿꼿하게 서서 치는 느낌으로 해야 한다. 페어웨이 벙커에서 볼을 칠 때는 약간 탑핑을 해도 좋은데, 뒤땅을 치는 것보다는 훨씬 낫다는 것을 기억하기 바란다.

> **연습 팁**
>
> 내가 어렸을 때는 마땅히 연습할 장소가 없었기 때문에 주로 해변가로 갔다. 볼을 멀리 치기 위해서는 안정되게 서서 클럽으로 모래가 아닌 볼을 먼저 쳐야 했는데, 해변가에서 이렇게 연습한 결과 페어웨이 벙커에서는 볼을 잘 치게 되었다. 페어웨이 벙커샷을 잘하기 위해서는 다음과 같이 시도해보라.
>
> 벙커에 들어가서 스탠스 중간에 볼을 놓고 팔은 자연스럽게 떨어뜨려서 손을 약간 앞으로 기울여 준다. 백스윙을 할 때는 왼팔을 구부리지 않도록 하되 너무 경직되게 해서는 안 된다.
>
> — 세베 바예스테로스

ADVANCED

페어웨이 벙커샷을 안정되게 하려면 발가락을 안으로 모아라

— 데이비드 리드베터

일반 골퍼들에게 페어웨이 벙커샷이 가장 어려운 이유 중 하나는 하체를 안정되게 유지해야 하기 때문이다. 모래 위에서 풀스윙을 하야 하기 때문에 발이 미끄러질 수 있고 균형을 유지하기가 어려워서 미스 샷을 유발할 수 있다. 따라서 볼보다 뒤쪽 지점의 모래를 치는 실수가 가장 빈번히 발생한다. 그러므로 하체 고정에 대해 아무리 강조해도 지나치지 않는다.

이렇게 하기 위해서는 스탠스를 취할 때 발을 모래에 비벼 묻고 토우(발가락)를 사진과 같이 안쪽으로 향하게 하라. 이 방법은 벙커에서 하체를 견고하게 한다. 체중이 양발의 안쪽 면에서 느껴져야 하며 스윙을 할 때도 마찬가지여야 한다. 그리고 일반적인 풀스윙 샷과는 달리 체중 이동이 과다하게 일어나지 않아야 한다 이 스윙은 팔과 어깨 위주로 이루어지며, 토우가 안쪽으로 향한 자세는 정확하고 견고한 샷을 할 수 있도록 도와준다.

벙커샷을 잘하기 위해 또 한 가지 중요한 것은 발이 모래에 묻힌 깊이만큼 그립을 짧게 잡아야 한다는 것이다. 이것은 클럽이 모래를 치기 전에 볼을 먼저 칠 수 있도록 도와준다.

벙커샷 메커니즘

샌드웨지는 클럽페이스의 리딩 에지에서 아래로 더 연장된 볼록한 바닥이 형성되도록 만들어진 클럽이다. 이 볼록한 바닥은 클럽이 모래에 깊이 박히지 않도록 해주는 역할을 한다. 그러나 만일 타격 구간에서 손이 클럽헤드보다 앞서 나아가면 클럽의 로프트가 작아져 바닥의 볼록한 부분이 작아지기 때문에 모래에 묻히지 않고 튕겨 나오는 효과가 감소한다. 내가 주장하는 것은 클럽헤드가 볼 아래를 통과할 때 손보다 반드시 앞서야 한다는 것이다. 이렇게 하면 비교적 모래를 깊게 파지 않고 얇게 떠내는 결과를 얻을 수 있다. 한손으로만 연습해보면 타격 구간에서는 손이 클럽헤드보다 앞서지 않고 뒤에 따라가는 것을 알 수 있을 것이다. 그것이 바로 당신이 실제 벙커샷을 할 때 가져야 할 느낌이다.   – 클라우드 하먼

실전 전략 PLAYING STRATEGY

Strategy

BASICS

가파른 경사면에서는 손목을 사용하라
– 매트 쿠차

나는 벙커샷에서 지켜야 할 가장 첫 번째 개념은 일단 벙커를 탈출하는 것이라고 배웠다. 만일 가파른 오르막 상황이라면 이 개념은 더욱 중요하다. 이러한 상황에서는 가능한 한 볼이 공중으로 빨리 솟아오르는 샷을 해야만 한다. 스탠스를 약간 오픈한 채로 어드레스를 한다. 그리고 클럽페이스를 오픈시킨 채 그립을 취하고, 백스윙을 하는 동안 클럽을 돌려 클럽페이스를 더 오픈시킨다. 그 다음이 상당히 어려운 동작인데, 당신이 지금까지 배워왔던 다른 샷과는 반대로 실행해야 한다. 즉, 다리를 같이 움직인다는 것이다. 다시 말해서 임팩트가 되기 전에 클럽헤드가 손 위치를 통과해서 볼을 퍼내야 한다.

나는 이 샷을 할 때 오른손목을 사용해서 샷을 하는 느낌을 갖는다. 클럽헤드가 볼 바로 뒤 모래를 파고들어야 하고, 손목 코킹을 푸는 동작으로 인하여 스윙 스피드가 빨라지면서 볼이 위로 솟구칠 수 있다. 그 결과 볼은 부드럽게 착지되어 바로 멈추게 될 것이다.

BASICS

볼이 모래에 묻혀 있다면 클럽 선택에 신중하라

– 톰 왓슨

나는 볼이 묻혀 있는 벙커샷을 할 때는 거리에 따라 2가지 방법을 사용한다.

거리가 멀 때: 내가 처음 부친으로부터 정석적인 벙커샷을 배울 때는 아주 오래된 샌드웨지로 배웠다. 그립을 단단히 하고 볼을 스탠스 중간에 놓고 클럽의 토우를 안으로 약 30도 정도 닫고 가파르게 내려치는 방법이었다. 그러나 요즘에는 벙커 턱만 넘길 수 있다면 피칭웨지나 9번 아이언을 사용한다. 이러한 클럽들은 샌드웨지보다 바운스가 작기 때문에 볼 밑으로 미끄러져 지나가기보다는 모래를 더 깊게 퍼내기가 쉽다. 이렇게 치면 볼은 재빨리 튀어나와 많이 구르게 된다.

거리가 가까울 때: 리 트리비노는 나에게 그립은 더 위크 그립으로 잡고 클럽페이스를 30도 정도 오픈시키며 볼을 스탠스 중간 앞쪽에 놓은 채로 체중을 왼발 쪽에 더 실어서 스윙을 더 가파르게 하라고 가르쳤다. 나는 볼이 부드럽게 떠서 바로 멈추게 하기 위해서 헤드 스피드가 충분히 나도록 스윙을 비교적 강하게 한다. 이때 클럽헤드가 모래에 묻혀서 빠져나오지 못해도 상관없다.

멘탈을 위한 팁

볼이 모래에 박혔다?
그럴수록 과감하게 도전하라
- 밥 로텔라 박사

골프를 이해하고 사랑하는 사람은 어떤 상황이 닥쳤을 때 불평을 하기 보다는 상황을 받아들인다. 그들은 벙커에 빠진 볼이 모래에 묻혀버리는 경우처럼 불운하거나 불가항력적인 경우에 잘 대처해야 하는 것이 골프의 본질이라는 것을 알기 때문이다. 나는 골퍼들에게 골프 게임에서 실수할 때나 상황이 좋지 않을 때일수록 잘 대처하는 것이 골퍼로서 자랑스러운 일이라고 강조한다.

또, 나는 그들에게 샷을 완벽하게 조절하는 방법은 없으나 그들의 마음가짐은 조절할 수 있다고 말한다. 그러므로 볼이 모래에 묻혀버리더라도 불운하다고 비탄하지 말고 도전의식을 가지고 적극적으로 대처하라.

BASICS

볼이 모래에 묻힌 경우의 탈출 요령
— 이마다 류지

볼이 모래에 부분적으로 잠겼을 때는 스윙을 가파르게 해서 클럽이 볼 밑으로 들어가게 해야 한다.

이렇게 하기 위해서는 대부분의 체중을 앞발(오른손잡이는 왼발) 쪽에 싣고 백스윙을 할 때 코킹을 빨리 해야 한다. 코킹을 일찍 한다는 의미는 일반 라이에서 스윙을 하는 것처럼 아크가 큰 팔 스윙을 할 필요가 없다는 뜻이며, 또한 볼의 뒷부분 적당한 곳의 모래를 잘 칠 수 있다는 것이다. 이것은 모래를 파는 것도 아니고 모래 위를 미끄러져 나아가게 하는 것도 아니다. 웨지로 모래를 과감하게 폭발시킨다는 느낌이다.

스윙 팁

거리가 비교적 긴 벙커샷을 할 때 도움이 될 만한 몇 가지 조언을 하겠다.

첫째, 항상 볼이 벙커 턱을 넘어갈 수 있는 충분한 로프트의 클럽을 사용하라. 롱 퍼트를 남겨 놓는 것이 유쾌하진 않지만 그래도 벙커 안에서 다시 샷을 하는 것보다는 낫다. 둘째, 균형을 잘 잡기 위해 두발을 모래에 묻고 샷을 하는 동안 다리를 적절히 움직이는 것에 유의하라. 너무 팔로만 스윙을 하게 되면 상체를 들어 올리는 원인이 되어 볼을 얇게 치거나 백스윙 톱에서부터 덮어 치게 되어 모래를 너무 많이 치게 된다.

또한 볼을 공중에 띄우려고 시도하지 마라. 자연스러운 풀스윙으로 볼 아래를 내려쳐라. 그리고 모래를 적게 퍼내는 것을 두려워하지 마라. 만약 거리가 매우 먼 벙커에서는 벙커 턱을 충분히 넘어갈 수 있는 조건 하에서 피칭웨지나 9번 아이언을 사용할 수 있다.

— 바이런 넬슨

BASICS

젖은 모래나 딱딱한 모래에서의 샷 요령
– 필 미켈슨

딱딱한 모래에서는 클럽이 지면을 너무 일찍 치고 튀어 오르면서 볼의 중간 부분을 치는 실수를 범하기 쉽다.

그것을 방지하기 위해서는 체중을 앞발 쪽에 싣고 척추를 타깃 쪽으로 기울여라. 딱딱한 모래에서는 체중을 앞발 쪽에 많이 실어도 괜찮다. 이 느낌을 갖기 위해서 뒷발을 지면에서 살짝 들고 샷을 연습해보라. 실제로 젖어있거나 딱딱한 모래에서 쳤을 때의 느낌을 반복적으로 가져야 한다.

체중을 앞발 쪽에 싣게 되면 자동적으로 볼 뒤 가까운 곳을 치게 되기 때문에 클럽이 튕겨져 올라가면서 볼의 머리를 치는 것을 방지할 수 있다. 이 샷을 할 때는 클럽페이스를 오픈시켜 실시하므로 볼을 띄우는 데는 아무런 지장이 없다.

BASICS

먼 거리 그린사이드 벙커샷을 할 때는 쓸어 쳐라

– 레티프 구센

일반 그린사이드 벙커보다 더 먼 벙커샷을 할 때는 샌드웨지보다 갭웨지나 피칭웨지를 선택하라. 로프트가 작은 클럽은 스윙을 크게 하거나 볼에 너무 가까운 지점의 모래를 치지 않아도 볼을 더 멀리 보낼 수 있다.

벙커의 라이가 좋을 때는 볼의 위치를 앞발 선상이나 바로 그 안에 놓고, 만일 라이가 좋지 않으면 볼을 뒤쪽으로 옮겨야 하는데, 그 경계는 스탠스의 중간이다.

스윙을 하는 동안에는 가능한 한 하체를 안정되게 해야 한다. 긴 거리 벙커샷은 발을 적절히 사용해야 하므로 발을 비벼서 모래에 살짝 박아야 한다. 그리고 팔과 어깨 동작이 많이 사용된다.

또, 모래를 내려찍는 가파른 스윙보다는 완만하게 쓸어 치는 스윙을 만들어라. 임팩트 구간을 지날 때는 아웃 투 인 궤도를 이루어야 하며, 클럽페이스는 직각 상태가 되게 하고 볼 뒤 2.5cm 정도 지점을 쳐야 한다. 다시 한 번 말하지만 찍어 치는 것이 아니라 쓸어 쳐야 한다는 것을 기억하라.

스윙 팁

내가 텍사스에 있었을 때 큰 모자를 쓴 인상 좋은 아저씨가 와서는 내가 벙커샷 하는 모습을 바라보고 있었다. 그가 오자마자 첫 번째로 시도한 벙커샷이 그대로 홀에 들어가 버리자 그는 다음 샷을 홀 안에 넣으면 50달러를 주겠다고 했다. 나는 다음 벙커샷을 또 홀에 넣었다. 그러자 그가 또 다음 샷을 홀 안에 넣으면 100달러를 주겠다고 말했다. 나는 또다시 홀 안에 성공시켰다. 그가 보는 앞에서 3개의 벙커샷을 연속으로 홀 안에 넣은 것이다. 그는 돈을 주면서 "내 평생 이렇게 운 좋은 녀석은 처음 보네."라고 말하자, 나는 그에게 "연습을 많이 할수록 더 많은 행운이 찾아오는 법이죠."라고 응수했다. 이것은 내가 실제로 겪었던 에피소드이다.

여기서 바로 '연습을 많이 할수록 더 많은 행운이 찾아온다.' 라는 격언이 생겨난 것이다. 좋은 벙커샷은 소리만 들어봐도 알 수 있다. 가는 모래에서는 '팟' 하고 짧게 소리가 나야 하고, 거친 모래에서는 린넨 천을 반으로 '쫘~악' 찢는 듯한 소리가 나야 한다. 올바른 소리를 내기 위해 노력한다면 빠른 벙커샷 실력 향상에 스스로 놀랄 것이다.

– 게리 플레이어

> 벙커 팁

벙커 모래 면을 고르는 방법
–PGA 투어 캐디

PGA 투어 캐디들은 선수들이 플레이를 하고 난 후 벙커를 올바르게 고르는 방법을 교육받는다. 여기에 그 방법을 소개한다.

❶ 볼을 친 자국과 발자국을 발로 먼저 평평하게 다진다.

❷ 고무래를 뒤집어서 모래를 앞으로 밀면서 누른다.

❸ 고무래를 다시 뒤집어서 손잡이를 낮추고 모래 위를 긁으면서 잡아당긴다.

❹ 마지막으로 고무래를 홀 쪽으로 민다.

ADVANCED

먼 거리 그린사이드 벙커샷을 할 때는 엉덩이를 밀어라

— 짐 맥린

먼 거리의 그린 주위 벙커샷을 할 때는 다음의 방법을 사용해보라. 1964년 US 오픈을 우승한 내 친구 캔 밴추리는 어드레스를 할 때 엉덩이를 타깃 쪽으로 약 5cm 정도 내민다고 했다. 체중의 분배는 양발에 50대 50으로 하지만, 어드레스 때 미리 임팩트 자세를 취함으로써 클럽이 적정한 지점의 모래를 치는 데 도움이 된다는 것이다. 만일 엉덩이를 뒤로 이동하면서 치게 되면 볼 뒤 모래의 너무 먼 부분을 치게 되어 거리가 짧아진다. 그러므로 엉덩이를 타깃 쪽으로 민 상태 그대로 유지해야 한다.

또 한 가지 기억해야 할 것은 이 샷을 할 때는 적극적으로 풀스윙을 해야 한다는 것이다. 어깨는 힘을 만드는 주요 원동력이기 때문에 백스윙을 할 때 어깨회전을 충분히 해야 한다.

여기서 한 가지 점검해야 할 사항은 사진에서처럼 백스윙 톱에서 오른쪽 어깨가 오른쪽 귀 뒤로 올 수 있도록 충분히 회전해야 한다는 점이다. 그리고 다운스윙에서는 상체를 타깃 쪽으로 회전시키면서 충분한 피니시가 이루어지도록 모래를 향해 클럽을 가속시켜서 스윙해야 한다.

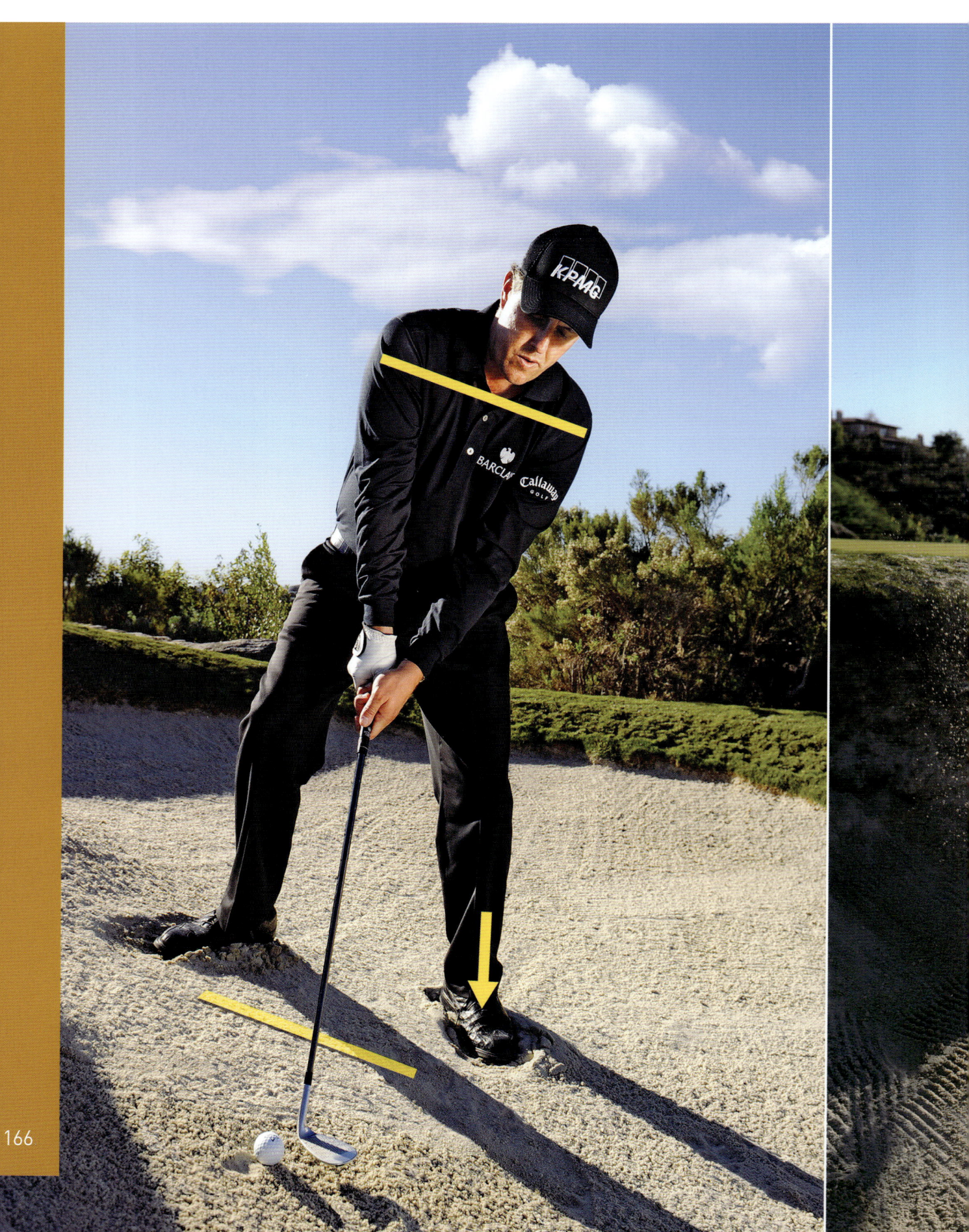

ADVANCED

오르막 경사에서의 벙커샷 방법
– 필 미켈슨

오르막 경사에서는 경사면을 따라 클럽을 위로 스윙하여 모래를 통과한 후 팔로스루 때 모래의 저항이 최소화 되어야 한다. 오르막에서는 볼이 위로 거의 수직으로 떠서 부드럽게 착지하기 때문에 스윙을 강하게 해야 한다는 것을 기억하라. 아마추어들은 오르막 경사에서 실수를 많이 하는데, 그 이유는 클럽헤드를 직접 오르막 경사면에 처박는 경향이 있기 때문이다. 이 샷은 실수의 폭을 허용하지 않는다. 만일 볼 뒤를 좀 두껍게 치면 클럽헤드가 볼 밑으로 지나가 버려 벙커 탈출에 실패하게 된다.

여기에서 핵심사항은 셋업을 조정하는 것이다. 이때 상체를 조정하기 보다는 거의 모든 체중을 뒷발에 싣는 것에 초점을 맞춘다. 이렇게 하면 상체는 자연적으로 경사면과 평행이 되게 맞춰진다. 이 셋업 자세는 스윙 아크를 완만하게 만들어 클럽헤드가 볼 아래로 잘 미끄러져 갈 수 있도록 해준다.

ADVANCED

내리막 경사 벙커샷은 몸을 낮춰라

— 톰 왓슨

내리막 경사 벙커샷에서 빈번하게 발생하는 실수는 모래를 치기 전에 클럽헤드의 날로 볼을 직접 치거나 모래를 치고 튕겨져 올라오면서 볼을 직접 치는 것이다(이런 점에서 오르막 경사 벙커샷이 좀 더 쉽다.).

내리막 경사에서는 셋업이 중요하다. 먼저 경사면에 나의 몸을 맞추어야 한다. 왼쪽 어깨가 오른쪽 어깨보다 낮아야 하며 양발을 잇는 선과 어깨의 경사가 평행이 되어야 한다. 그리고 체중은 왼발 안쪽에 있어야 하고 볼은 스탠스 중간에 놓고 몸과 클럽페이스를 약간 오픈시킨다. 그 다음 백스윙을 할 때 코킹을 더 빨리 해서 팔로 클럽을 아주 가파르게 들어올린다. 다운스윙 때는 벙커 안의 평평한 곳에서 볼을 치듯이 볼 뒤 모래를 내려친다. 그리고 클럽페이스를 오픈한 채로 낮게 유지시켜 경사면을 따라 팔로스루를 한다.

일반적인 벙커샷과 다른 점은 어드레스를 변형시키고 클럽헤드의 아크가 내리막 경사에 적합하도록 해주는 것이다. 이 경우에 볼은 낮게 날아가고 많이 구르게 된다.

플레이 전략

벙커의 모래가 딱딱하거나 젖어있을 경우 모래를 폭발시키는 전통적인 벙커샷은 효율적이지 못하다. 만일 샌드웨지의 페이스를 오픈시키고 볼 뒤 모래를 잘 치더라도 클럽헤드의 바운스가 딱딱한 모래를 치고 나서 볼을 직접 치게 된다. 따라서 이런 상황에서는 바운스가 적은 피칭웨지로 볼 가까운 지점의 모래를 쳐야 한다. 그러면 스윙을 부드럽고 편안하게 해도 볼이 잘 떠나갈 것이다. 이 경우 일반 벙커샷과 유일하게 달라지는 점은 볼이 그린에 착지한 후 스핀이 적게 걸리고 많이 굴러간다는 것이다.

— 빌리 캐스퍼

ADVANCED

벙커 턱 밑에 있는 경우 볼이 튀어 오르도록 쳐라

– 데이비드 톰스

나는 이것을 '팝샷(pop shot)'이라고 부른다. 볼이 턱을 넘어가게 하기 위해서 클럽페이스를 열고 백스윙을 크게 한다. 그 다음 다운스윙 때는 볼을 향해 클럽을 가속시키고 타격 후 클럽이 벙커 턱을 치기 전에 뒤로 다시 뺀다. 이렇게 하면 '팝' 하는 소리가 나면서 볼이 위로 튀어 오른다.

만약 먼 거리를 쳐야 하는 상황이라면 짧은 아이언부터 5번 아이언까지도 사용할 수 있다.

ADVANCED

아주 짧은 벙커샷을 하는 방법
– 부치 하먼

❶ **클럽페이스를 오픈하라:** 반드시 클럽페이스를 먼저 오픈한 다음 그립을 잡아야 한다. 오른손으로 클럽을 들고 30~40도 정도 열고서 왼손 그립을 먼저 잡는다. 그 상태로 오른손 그립을 잡는다.

❷ **샤프트를 뒤로 기울여라:** 볼을 앞발 선상에 놓고 손의 위치는 그 뒤쪽에 있게 한다. 볼의 뒷부분 모래를 쳐야 하기 때문에 클럽헤드가 닿아야 하는 부분의 모래 위에서 클럽헤드를 뗀 채로 둔다.

❸ **가속시킨 다음 멈춰라:** 홀보다 멀리 치는 실수를 할 수 있다. 백스윙을 중간까지만 하고 볼 뒤 모래를 쳐라. 그리고 피니시는 허리 높이에서 멈춰라.

04 벙커 플레이 실전 전략

ADVANCED

페어웨이 벙커에서는 드로우 구질로 쳐라

– 릭 스미스

만일 깃대까지 웨지로 풀스윙을 해야 하는 거리의 페어웨이 벙커에서 샷을 해야 한다면, 드로우샷을 구사하라. 이것이 그린으로 올리는 데 가장 확실한 방법이며, 특히 중요한 게임에서는 더욱 그렇다.

첫째, 평소보다 한 클럽 더 큰 것을 선택하라. 그 이유는 볼을 완벽하게 치지 못하더라도 실수의 폭을 줄일 수 있기 때문이다. 둘째, 볼을 스탠스 중간, 즉 몸의 무게중심 선에 놓고 클럽페이스를 조금 닫아라. 그리고 타깃보다 15야드 정도 오른쪽을 겨냥하여 드로우 구질, 즉 오른쪽에서 왼쪽으로 휘는 폭을 예상하라. 마지막으로 스윙을 몸통 주위로 완만하게 하고 임팩트 존에서 클럽페이스가 돌아가게 하라. 클럽페이스를 돌아가게 하면 볼을 더 견고하게 칠 확률이 높아진다.

피트니스 팁

벙커샷을 잘하려면 하체 고정 운동을 하라

– 마크 베르스테겐

좋은 자세를 취하고 그 자세를 유지하면서 임팩트를 하는 것은 벙커샷에서 매우 중요하다. 하지만 허벅지와 엉덩이 근육이 약한 아마추어들에게는 자세(무릎이 많이 굽혀지고 엉덩이와 어깨는 타깃 쪽으로 오픈된 상태)를 유지한다는 것이 매우 어렵다.

모래에서의 플레이를 향상시키기 위해서 소형 고무 밴드를 끼고 옆으로 걷는 연습을 해보라. 발에 끼워진 고무 밴드가 늘어나면서 저항력이 생겨 엉덩이와 사타구니, 대퇴근과 둔근을 활성화시키고 강하게 만들어서 스윙을 하는 동안 기초를 안정되게 유지시켜 준다. 특히 빠른 속도로 스윙할 때는 더욱 그렇다.

❶ 고무 밴드를 양 무릎 위쪽에 끼우고 또 한 개의 밴드를 발목에 끼운다.
❷ 다리를 구부리지 말고 양 팔꿈치를 걸음에 맞춰 흔들면서 옆으로 보폭을 작게 하여 걷는다. 이때 등을 곧추 세우고 무릎이 항상 발가락 위쪽에 오도록 유지해야 한다.

05 아이언
IRONS

2011 마스터스 토너먼트에서 프레드 커플스가 부드러운 스윙으로 아이언샷을 하고 있다.

아이언샷의 이해

잘 맞은 아이언샷은 다른 샷들에 비해 무엇보다도 소리로 알 수 있다. 당신이 쳤든 다른 사람이 쳤든 볼이 날아가는 것을 보지 않아도 잘 쳤다는 것을 알 수 있다. 아무리 골프클럽의 디자인이 획기적으로 발달해도 아이언은 다른 클럽에 비해 배우기가 쉽지 않다. 현재 우리는 부모 세대에서 사용했던 클럽이나 10년 전의 아이언보다 훨씬 더 치기 쉬운 아이언을 사용하는 혜택을 누리고 있다. 하지만 좋은 아이언샷을 하려면 기술적인 면이 간과되면 안 된다.

훌륭한 골퍼란 세컨샷을 잘하는 골퍼라고 종종 말한다. 왜냐하면 그들은 잘못 친 드라이버샷을 아이언샷으로 보완할 수 있는 기량이 충분하며, 드라이버를 잘 친 경우에는 다음 샷을 아이언으로 그린에 정교하게 올리는 플레이를 할 수 있기 때문이다. 아이언을 잘 친다면 타깃에 가깝게 쳐서 스코어를 혁기적으로 줄일 수 있다.

아이언샷을 똑바로 치는 것은 당연히 중요하지만 여기서는 그것만을 말하려는 것이 아니다. 진정 노력해야 할 점은 예측 가능한 구질을 일관성 있고 견고하게 칠 수 있도록 하는 것이다. 단언하건대, 보기 좋은 스윙은 플러스 요인이지만, 그보다 더 중요한 것은 볼을 견고한 임팩트로 일관성 있게 쳐야 한다는 것이다. 아이언은 다른 클럽보다 더 어렵기 때문에 만일 아이언에 더 집중해서 연습한다면 과거의 스코어보다 향상된 결과를 얻는 투자가 될 것이다. 지금부터 훌륭한 선수들과 교습가들의 조언과 공략 방법을 소개하겠다.

▶▶▶ 다음 페이지
세르히오 가르시아의 아이언샷 연속 동작

20%
90대 타수를 치는 골퍼가 파3에서 그린에 올릴 확률은 20%인 반면 투어프로들은 75%이다.

- 골프장비 회사의 조사에 의하면, 아마추어들에게 권하는 로프트가 가장 작은 아이언은 4번 아이언이다.
- 핸디캡 10인 골퍼들은 라운드 당 평균 6~7개의 레귤레이션 온 그린이 되고, 스크래치 골퍼(핸디캡 0인 골퍼)는 11개가 된다.
- 투어프로들의 통계 조사에 의하면, 아이언 스윙에 쏟는 노력은 전체 연습량의 75%이다.

연습 팁 PRACTICE TIPS

BASICS

그립 잡는 방법: V자를 점검하라

— 짐 맥린

모든 기본 중에서도 아마 그립이 가장 중요할 것이다. 좋은 그립의 본질은 클럽페이스를 조절하는 것이다. 따라서 나쁜 그립을 하는 골퍼는 볼을 칠 때 견고하거나 정확하게 칠 수가 없다.

우리 골프스쿨에서 배우는 아마추어 골퍼들이 저지르는 가장 큰 실수는 왼손 손바닥(오른손잡이의 경우)을 이용해서 클럽을 잡는 것이다. 손바닥으로 그립을 잡게 되면 백스윙을 할 때 코킹을 하기 힘들며 다운스윙에서는 클럽을 릴리스하기 어려워진다.

클럽의 그립을 왼손가락 부분에 대각선으로 놓고, 손바닥 아래쪽 두툼한 부분과 마지막 3개의 손가락으로 견고하게 잡고 스윙을 하는 동안 잘 유지되어야 한다. 그립을 위에서 쥘 때 왼쪽 엄지는 샤프트의 오른쪽에 놓여야 하며, 엄지와 검지 사이에 형성된 거꾸로 된 V자가 골퍼의 턱과 오른쪽 어깨 사이에 오도록 해야 한다. 이것이 그립을 자신의 것으로 만들 수 있는 길이다.

드로우 구질을 치고 싶을 땐 V자가 좀 더 오른쪽 어깨 쪽을 향해야 한다.

BASICS

스윙을 할 수 있는 튼튼한 발사대를 만들어라
— 션 폴리

많은 골퍼들은 어드레스 자세만 개선시켜도 샷이 좋아진다. 내가 가르치고 있는 투어프로들은 제각각 다양한 셋업을 하지만 한 가지 공통분모는 모두 발아래에 있는 지면을 감각적으로 느낀다는 것이다. 그들은 다리를 충격완화 장치처럼 놓고 파워를 창출하기 위해 지면을 이용할 준비를 한다. 사실상 발바닥으로 지면을 꽉 잡는 느낌으로 선다.

이 감각을 살리기 위해서는 맨발로 서서 스윙을 해보라. 이 연습의 목적은 어드레스 때 지면을 느끼는 것과 스윙을 하는 동안 발의 움직임에 주목하는 것이다. 지면 위에서 확실하고 올바르게 자세를 잡지 못하면 파워 있는 스윙을 하기는 어려워진다.

아이언 연습 팁

프로들은 자신에게 심리적인 안정감을 주기 위해 노력하는데, 나도 예외는 아니다. 나는 스트레칭과 워밍업을 한 다음 라운드 전 연습을 할 때 웨지가 아닌 롱 아이언으로 시작한다. 나에게는 3번 아이언이 가장 어려운 클럽이므로 먼저 3번 아이언을 적당한 스피드로 스윙한다. 3번 아이언은 내게 가장 어려운 클럽이기 때문에 만약 한두 번 실수를 하더라도 별거 아니라고 생각한다.

하지만 내가 친 볼이 똑바로 환상적으로 날아간다면 자신감은 더욱 커진다. 마치 오늘 뭔가 해낼 수 있을 것 같은 자신감이 생기는 것이다. 그리고 롱 아이언부터 연습을 시작하는 데는 신체적인 목적도 있다. 롱 아이언을 몇 번 스윙해봄으로써 그날의 리듬을 찾고 스윙도 과감하게 할 수 있다. 대부분의 사람들은 처음에 숏 아이언으로 시작하기 때문에 위축되고 작은 스윙을 연습하는 과오를 저지른다.

— 톰 왓슨

BASICS

스윙을 매끄럽게 시작하는 방법
— 폴 케이시

나는 메이저 대회의 마지막 날과 같이 긴장감이 심한 상황에서는 그립을 꽉 잡고 백스윙을 너무 빨리하는 경향이 있다. 이런 템포로 스윙을 하면 스윙의 결과는 굳이 말을 안 해도 상상할 수 있을 것이다. 마찬가지로 많은 아마추어들도 백스윙을 너무 빨리 하는 것을 볼 수 있는데, 주된 이유는 오버스윙을 걱정하거나 빠르게 스윙하면 더 멀리 치는 데 도움이 된다고 생각하기 때문이다. 빠른 다운스윙은 장점이 될 수 있지만 빠른 백스윙은 전체 스윙의 템포를 망가뜨리는 결과를 초래한다.

나는 스윙을 할 때 긴장감을 느끼면 나의 스승인 피터 코스티스가 알려준 이상적인 템포를 지키기 위한 방법을 생각한다. 그것은 연습장에서 어드레스 때 또 한 개의 볼을 클럽헤드 바로 뒤에 놓고 백스윙을 할 때 그 볼을 뒤로 굴리면서 하는 방법이다. 이것은 클럽을 뒤로 뺄 때 넓은 아크로 매끄럽게 하는 데 도움이 되며, 결국 힘있는 다운스윙을 할 수 있게 만든다. 이 방법을 연습장에서 시도해보라. 그리고 나서 실전에서 그대로 실행하라.

BASICS

백스윙을 향상시키는
연습 방법
― 톰 왓슨

좋은 백스윙 톱 자세는 다운스윙 때 클럽이 타깃라인보다 안쪽에서 볼에 접근할 수 있게 하고, 올바른 궤도를 만드는 데 도움이 되기 때문에 매우 중요하다. 그럼 올바른 백스윙 톱 자세의 느낌을 알기 위해 취할 수 있는 방법을 소개하겠다.

평소 때와 같이 어드레스를 하고 팔과 무릎을 약간 구부린 채로 허리를 숙인다. 그 다음 어드레스 자세를 유지한 채로 양 팔꿈치를 가깝게 조이고 구부려서 클럽을 들어 올려 오른쪽 어깨 위 목 옆에 올려놓는다. 그 다음은 풀스윙을 할 때와 같이 어깨와 엉덩이를 타깃 반대 방향으로 돌려준다. 백스윙 회전이 완성되면 왼팔을 위로 똑바로 뻗어주기만 하면 된다.

디봇에서의 스윙 팁

골프에서는 가끔 하향타격이 볼을 띄우는 작용을 한다. 볼이 디봇 자국에 들어가면 불운한 경우이지만 이런 열악한 상황에서 좋은 샷을 만들어 낼 수 있는 유일한 방법이 바로 하향타격이다. 어드레스 때 클럽페이스를 직각으로 놓고 손을 볼보다 약간 앞쪽에 놓은 다음 볼을 스탠스 중간보다 뒤쪽에 놓는다. 스윙은 일반 스윙과 똑같이 하지만 다운스윙을 할 때는 체중이 왼쪽에 있어야 한다는 사실을 명심하라.

특히 오른팔을 너무 강하게 사용해서 왼팔의 역할을 약하게 만들면 안 된다. 왼팔은 스윙의 길을 인도하는 역할을 해야 하며 스윙을 하는 동안 견고하게 지탱해 주어야 한다. 볼은 백스핀이 적게 걸린 상태로 낮게 날아가므로 그 점을 고려하여 플레이해야 한다.

– 바이런 낼슨

BASICS

다운스윙은 하체로 리드하라
— 토드 앤더슨

다운스윙은 왼쪽 무릎과 엉덩이를 왼발 위로 약간 측면 이동하면서 시작한다. 타깃 방향으로의 이러한 움직임은 팔이 잘 떨어지게 하고, 오른쪽 팔꿈치가 오른쪽 엉덩이 앞쪽으로 돌아오게 해준다. 그리고 벨트의 버클은 볼을 향해야 하고 어깨는 여전히 타깃라인에 비해 약간 닫혀 있어야 한다. 체중이동은 하체부터 시작되며 머리는 볼보다 뒤쪽에 머물러야 한다. 또한 백스윙 톱에서부터 클럽을 휘두르려는 충동을 억제하고 코킹을 유지해야 한다. 머릿속에 팔을 가슴을 가로지르며 잡아당겨 손이 팔보다 뒤에서 따라오는 태권도의 손날치기 동작을 그려보라.

이렇게 하면 백스윙 톱에서부터 좋은 스윙 동작을 만들 수 있다. 거울이나 유리 앞에서 시간이 날 때마다 이 동작을 연습해서 실전 플레이에서 올바른 다운스윙 동작이 자연스럽게 실행될 수 있도록 하라.

장비

당신에게 옵셋 아이언이 적합한가?
– 마이크 스타추라

골퍼들은 옵셋 아이언이 볼을 더 똑바로 치는 데 도움이 된다고 배워왔다. 사실 옵셋의 실제 기능에 대해서는 많은 오해가 있다. 대부분의 클럽 전문가들은 옵셋 아이언의 클럽페이스가 샤프트보다 뒤에 따라오기 때문에 임팩트를 잘 시킬 수 있는 이상적인 모양을 만들어서 아마추어들이 볼을 더 견고하게 치기 쉽게 해준다고 말한다. 하지만 각자 스윙 스타일에 따라 볼의 탄도와 방향은 달라지기 마련이다.

만약 다운스윙 시 손목 코킹을 오래 유지하여 임팩트 때 손이 볼보다 훨씬 앞서게 치는 골퍼가 옵셋 아이언으로 치면 볼의 탄도는 낮아지고 더 왼쪽으로 날아간다. 반면에 다운스윙에서 손목 코킹이 일찍 풀어지고 퍼 올리는 스윙을 가진 골퍼는 옵셋 아이언으로 더 높은 탄도의 볼을 만들어 낼 수 있다. 이것이 골퍼들이 클럽을 구입하기 전에 고려해야 할 사항이다.

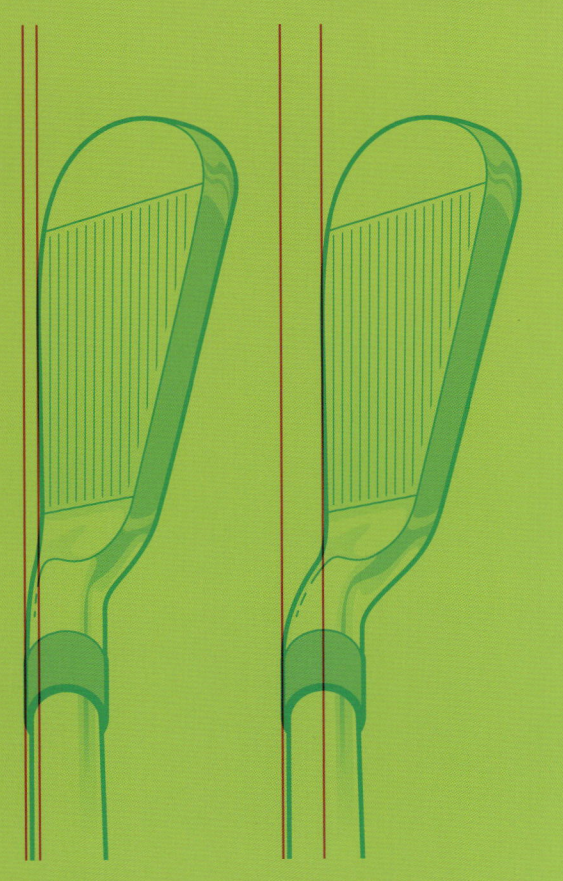

일반 아이언　　　옵셋 아이언

바람이 불 때의 스윙 팁

바람은 골프에서 주요 변수로 작용한다. 나는 바람이 많이 불 때 스탠스를 넓게 하고 볼을 좀 더 가운데에 놓고 플레이한다. 또한 백스윙을 짧게 하여 볼에 백스핀이 많이 걸리지 않도록 노력한다. 백스핀이 많이 걸릴수록 볼이 더 뜨기 때문에 거리 손실을 가져오게 된다. 마지막으로 평소 거리보다 1~2클럽 큰 것을 선택하고, 스윙을 부드럽게 해야 한다.

– 페인 스튜어트

적절한 그립의 강도

너무 살살 잡는 그립을 조심하라
– 스티브 엘킹턴

그립을 너무 살살 잡거나 반대로 꽉 잡아서 악력이 적절하지 못하면, 그 느낌이 몸의 각 부분에 전달되어 매끄러운 스윙이 불가능해진다. 대부분의 아마추어들은 그립을 너무 살살 잡는 실수를 하고 있다. 샘 스니드가 말한 유명한 격언 중에 '그립을 잡을 때는 마치 새(bird)를 잡는 것과 같이 하라.'라는 말이 있다. 하지만 재키 버크는 "샘 스니드가 말하지 않았던 것은 그 새가 힘이 센 매(hawk)였다는 것이다."라고 말한다. 즉, 샘 스니드는 아주 강한 손을 가지고 있었기 때문에 그립의 악력이 10에서 2 정도의 강도로 잡을 수 있으나 당신에게는 그것이 10에서 9의 강도가 될 수 있는 것이다.

만약 당신의 손 크기가 보통인데 클럽을 너무 살살 잡으면, 스윙을 할 때 본능적으로 그립을 너무 꽉 잡게 되고 매끄러운 스윙을 할 수 없다. 그렇다면 그립을 얼마나 강하게 잡아야 할까? 한번 잡은 그립을 다시 바꾸지 않고 5개의 볼을 연속해서 칠 수 있는 그립이 가장 적정한 강도의 그립이다. 그립을 적정한 악력으로 잡을 수 없을 만큼 약한 손가락은 훈련을 통해 충분히 강하게 만들 수 있다. 벤 호건은 테니스볼을 꽉꽉 쥐는 연습으로 악력을 키웠고, 헨리 코튼은 철봉에 오래 매달리는 연습을 했다. 손 안에서 클럽을 잘 다룰 수 있어야 좋은 스윙을 할 수 있다는 것을 명심하라.

BASICS

정확한 임팩트를 만드는 데 초점을 맞춰라

– 스튜어트 싱크

대부분의 아마추어들이 범하는 아이언샷의 문제는 스윙을 너무 세게 한다는 것이다. 그들은 170야드를 치기 위해 7번 아이언으로 드로우 구질을 시도하지만, 실제로는 스윙이 무너져서 슬라이스가 나고 결국 1300야드밖에 안 나가는 경우가 허다하다.

단언컨대, 만약 스윙을 좀 더 부드럽게 하여 볼을 클럽페이스의 정중앙으로 치는 것에 초점을 맞춘다면 더 좋은 구질과 더 먼 거리를 칠 수 있다. 특히 머리를 고정시키면 스위트 스폿(sweet spot)으로 볼을 칠 수 있는 기회가 더 많아진다.

여기에 내가 어렸을 때부터 했던 연습방법을 소개하겠다. 먼저 다른 사람이 클럽을 들고 그립 끝을 나의 머리에 대게 한다. 만일 스윙을 하는 동안 머리를 움직이면 그립 끝이 흐트러질 것이다. 친구와 함께 위와 같이 연습하고, 실전에서 머리를 움직이지 않아야 한다는 것을 기억하면서 플레이하라.

ADVANCED

너클(손가락 관절)이 지면을 향하게 하라

— 짐 맥린

PGA 프로들은 7번 아이언으로 180야드를 치는데 자신은 140야드밖에 못 치는 이유를 생각해 본적이 있는가? 물론 기술적인 면과 헤드 스피드가 관건이겠지만, 가장 큰 이유는 투어프로들은 임팩트 순간 7번 아이언의 로프트를 5번 아이언처럼 바꿀 수 있기 때문이다. 프로들은 이러한 샷을 하기 위해 클럽을 조작하지는 않지만 모든 샷을 할 때마다 무의식적으로 클럽페이스의 로프트가 작아지게 페이스를 세워서 치는 경향이 있다.

이 동작의 비밀을 이해하기 위해서는 손목을 잘 살펴보라. 임팩트 전까지 손목 코킹을 유지하는 것이 로프트를 세울 수 있는 열쇠이며, 따라서 볼이 힘차게 하늘을 가르며 날아가게 된다.

이처럼 임팩트 때 클럽페이스를 더 세우기 위해서는 왼손목이 손바닥 쪽으로 굽는 모습, 즉 보우잉(bowing) 상태를 유지해줘야 한다. 다운스윙을 하는 동안 큰 근육이 왼쪽으로 회전함에 따라 팔이 내려오면서 왼손 손등마디가 지면을 향해야 한다. 이렇게 하면 어드레스 때보다 로프트가 작아져서 볼을 하향타격으로 칠 수 있는 좋은 자세가 된다.

하지만 핸디캡이 높은 골퍼들 중 대부분은 이와 반대로 하고 있다. 그들은 임팩트로 진입하면서 왼손목을 손등 쪽으로 꺾고, 손등마디가 하늘을 향하게 들려서 볼을 퍼 올린다. 바로 이러한 동작 때문에 샷에 힘이 실리지 않는 것이다. 손목을 손바닥 쪽으로 굽히는 동작을 시도해보면 샷이 확실히 달라지는 것을 알 수 있을 것이다.

ADVANCED

스윙 궤도를 향상시키기 위해서 헤드커버를 사용하라
— 행크 헤이니

스윙 궤도는 골프에서 가장 많이 언급되는 요소이다. 많은 아마추어들은 백스윙 톱에서부터 내려쳐서 볼을 아웃사이드 인으로 깎아치기도 하고, 또 어떤 사람들은 너무 인사이드로 내려오기도 한다.

그런데 문제는 자신의 스윙 궤도를 보는 것이 쉽지 않기 때문에 궤도가 잘못됐는지를 알기가 어렵고, 다운스윙은 스피드가 빠르기 때문에 자신의 궤도가 어떻게 진행되는지를 느끼기가 매우 힘들다는 것이다. 스윙 궤도를 향상시키고 싶다면 간단한 도구를 이용하는 것도 좋다. 부드러운 드라이버 헤드커버를 볼에서 2.5~5cm 정도 오른쪽 바깥쪽에 놓아라. 이처럼 셋업에서 장애물을 설치하면 의식적으로 궤도를 조절하여 헤드커버를 치지 않으려고 한다.

만일 아웃사이드 인 궤도를 교정하기 위해서 시도한다면 헤드커버를 좀 더 뒤쪽에 옮겨놓고 다운스윙을 할 때 클럽헤드가 커버를 치지 않고 그 안쪽으로 내려오게 하라. 반대로 과도한 인사이드 아웃 궤도를 교정하고 싶다면 헤드커버를 볼 앞쪽으로 옮겨놓고 임팩트 후에 클럽으로 커버를 치지 않고 그 안으로 지나가게 해야 한다.

ADVANCED

더 큰 파워를 내려면 엉덩이를 열어라

— 매트 쿠차

아이언샷에서 엉덩이 동작은 매우 중요하다. 특히 다운스윙을 할 때 왼쪽 엉덩이가 결정적인 역할을 하는데, 실제로는 왼쪽 무릎과 허벅지, 엉덩이 모두 중요하다. 나는 다운스윙을 할 때 왼쪽 엉덩이를 열어주는 느낌을 갖거나 왼쪽으로 돌려주어서 오른쪽 부분이 강하고 빠르게 움직이도록 한다.

나는 과거에 백스윙 톱에서 엉덩이를 볼 쪽으로 밀면서 스윙을 했는데, 그 결과 클럽이 너무 인사이드로 내려와서 푸시나 훅 구질이 자주 발생하였다. 이점을 보완하기 위해서 지금은 엉덩이를 왼쪽으로 밀면서 회전시킨다. 이러한 엉덩이 동작은 클럽이 더 가파르게 떨어지도록 하기 때문에 볼을 더 압축시키듯이 견고하게 쳐서 더 멀리 보내는 결과를 가져온다.

ADVANCED

슬라이스가 날 때는 클럽페이스가 하늘을 향하게 하라

– 데이비드 리드베터

슬라이스가 많이 나는 이유는 임팩트 때 클럽페이스가 열리기 때문이다. 그 원인은 아마도 백스윙에 있을 것이다.

슬라이스를 내는 골퍼들은 테이크 어웨이 때 클럽페이스를 부채꼴 모양으로 돌리면서 오픈시켜 백스윙 톱에서 클럽페이스가 지면을 향하는 자세를 만든다. 이러한 백스윙 톱은 클럽을 타깃라인보다 바깥쪽에서 내려오도록 하기 때문에 임팩트 때 클럽페이스가 직각이 되도록 노력해도 결국은 슬라이스가 나게 되어 있다.

따라서 임팩트 때 타깃라인에 클럽페이스가 직각이 되고 볼을 똑바로 치기 위해서는 테이크 어웨이를 시작할 때 클럽페이스가 볼을 향하도록 유지해야 한다. 그리고 백스윙 톱에 올라가서는 클럽페이스가 하늘을 향해야 한다. 이 두 부분의 클럽페이스 방향이 다운스윙을 인사이드로 이끌고, 임팩트 때 클럽페이스가 직각이 되도록 한다. 그러면 아마도 슬라이스의 반대 구질인 오른쪽에서 왼쪽으로 살짝 휘는 드로우 구질까지도 만들어 낼 수 있을 것이다.

2011 로열 세인트 조지에서 열린 브리티시 오픈 1라운드에서 더스틴 존슨이 러프에서 샷을 날리고 있다.

재미있는 골프 통계

홀인원을 할 수 있는 확률은?
– 프란체스 슈나이드 박사

● 확률	● 필요한 라운드 수
투어프로	
3,000:1	900
핸디캡이 낮은 골퍼	
5,000:1	1,250
평균 핸디캡을 가진 골퍼	
12,000:1	3,000
투어프로/지정한 홀에서	
14,000:1	14,000
핸디캡이 낮은 골퍼/지정한 홀에서	
20,000:1	20,000
평균 핸디캡을 가진 골퍼/지정한 홀에서	
48,000:1	48,000
일반 골퍼/150야드에서	
80,000:1	23,000
일반 골퍼/200야드에서	
150,000:1	40,000
두 명의 일반 골퍼/ 같은 그룹/ 같은 홀 동시에	
17,000,000:1	17,000,000

ADVANCED

롱 아이언을 칠 때는 힘을 빼고 길게 친다고 생각하라
– 제프 오길비

나는 롱 아이언을 어려워해 본 적이 없다. 나는 8번 아이언을 완벽하게 치는 사람이 4번 아이언을 못 치는 것을 이해하기 힘들다. 나는 아직도 2번 아이언을 가지고 다니는데, 대부분의 사람들이 말하는 롱 아이언은 4, 5, 6번 정도이다. 그들의 가장 큰 문제점은 각 클럽으로 최대 거리를 보내려고 애는 쓰는데, 실제로 얼마나 짧게 치는지를 알지 못한다는 것이다.

예를 들어, 깃대에서 160야드 떨어진 곳에서 그들은 5번이나 4번 아이언을 사용해야 하는데, 6번 아이언을 빼들고 힘껏 치려고 하는 오류를 범한다. 나는 클럽을 선택할 때 항상 더 긴 클럽을 잡고 더 편안하게 스윙한다. 아이언은 부드럽게 쳐야 그 결과가 더 좋아진다. 따라서 롱 아이언을 잘 치기 위한 나의 첫 번째 조언은 스윙을 강하게 하지 말라는 것이다. 부드럽게 치면 절대로 큰 실수를 하지 않는다는 사실을 깨달아야 한다.

나는 롱 아이언을 칠 때 등이 타깃을 향할 때까지 어깨를 회전시키는데, 이것은 임팩트 순간 클럽페이스가 쉽게 직각이 되는 데 도움이 된다. 어떤 사람들에게는 충분한 어깨회전이 어려울 수도 있겠지만 가능한 한 많이 돌려야 한다. 또한 백스윙 톱에서 그립을 부드럽게 잡아라. 이때 아크(손과 머리 사이의 간격)를 크게 해야 하지만 팔을 너무 뻗으면 근육이 긴장하여 그립이 강해질 수 있으므로 주의해야 한다.

실전 전략 PLAYING STRATEGY

BASICS

프리 샷 루틴에 주의를 기울여라
– 리 웨스트우드

확실한 프리 샷 루틴 방법을 소개하겠다. 당신이 볼을 칠 준비가 되어 있는데 차례가 아니라서 기다려야 한다면 타이밍이 깨지는 원인이 된다. 그러므로 쳐야 할 클럽을 결정했어도 샷을 하기 전까지는 그 클럽을 백에서 빼지 말아라. 행동을 결단성 있고 민첩하게 하면 시간을 지연시키는 슬로우 플레이가 되지 않는다.

먼저 볼 뒤에서 나무, 벙커의 가장자리, 깃대 등 특정한 타깃을 정하라. 그러면 셋업을 더 잘 할 수 있고 샷의 결과도 좋아진다. 만일 타깃을 막연하게 정한다면 확신 있는 샷을 하기 힘들어진다. 볼 뒤에서 타깃을 정하고 나서 샷을 하기 위해 볼 앞으로 걸어 갈 때도 눈을 타깃에서 떼지 마라. 만약 다른 곳을 보게 되면 어드레스 때 몸을 제대로 정렬하는 것이 어려워진다. 볼 바로 옆에서 타깃을 보며 정렬하는 플레이어들은 정확하게 조준을 하기가 어렵다.

볼 앞에서 셋업을 할 때 해야 할 일련의 동작, 즉 그립 악력, 자세, 조준, 정렬, 스윙이미지 등을 머릿속으로 점검해보는 것도 좋다. 하지만 백스윙이 시작될 때는 이 모든 것을 잊고 한가지에만 집중해야 한다. 그것은 타깃이라든지 스윙에 대한 것 등이 될 것이다. 나의 경우에는 백스윙을 매끄럽게 하는 것만 생각한다.

Playing Strat

BASICS

드로우와 페이드 구질을 쉽게 만드는 방법
— 데이비드 리드베터

페이드 샷(왼쪽에서 오른쪽으로 커브를 그리는 샷)과 드로우 샷(오른쪽에서 왼쪽으로 커브를 그리는 샷)을 치는 가장 간단한 방법은 임팩트를 지나는 동안 어깨 동작을 조절하는 것이다.

만일 페이드를 치고 싶다면 오른쪽 어깨를 아래로 움직여야 한다. 어깨가 마치 놀이동산의 대회전 관람차처럼 수직으로 회전하는 것을 상상해보라. 그 동작은 임팩트 순간 클럽페이스가 약간 오픈되도록 해주며, 그 결과 볼은 오른쪽으로 커브를 그리게 된다.

반대로 드로우 구질을 치고 싶다면 오른쪽 어깨가 높이 유지되어야 하며, 타깃쪽을 향하여 회전되어야 한다. 어깨가 마치 놀이동산의 회전목마처럼 수평으로 도는 것을 상상해보라. 그것은 임팩트 순간 클럽페이스가 닫히도록 해주며, 그 결과 볼은 왼쪽으로 커브를 그리면서 날아가게 된다.

BASICS

러프에서는 페이드샷을 구사하라
– 어니 엘스

경기를 하다 보면 깊은 러프에서의 플레이는 흔한 일이다. 특히 요즘에는 투어경기를 하는 골프코스가 매우 어렵게 조성되기 때문에 티샷이 페어웨이를 벗어나면 험난한 러프가 기다리는 경우가 많다. 당신과 같은 아마추어 골퍼들도 이와 비슷한 경우가 많을 것이다.

러프에서 볼을 칠 때는 라이를 정확히 읽어야 하며 위험성을 미리 계산해야 한다. 만일 볼의 뒷부분을 깨끗하게 칠 수 있는 상황이 아니라면 컷샷(cut shot)을 치는 것이 좋다. 볼을 스탠스 중간보다 약간 뒤에 놓고 타깃을 정할 때 볼이 왼쪽에서 오른쪽으로 커브를 그리는 것을 계산해야 한다. 클럽페이스를 오픈시키면 로프트를 더 크게 만들 수 있으므로 긴 러프에서 샷을 하는 데 도움이 된다.

러프에서는 클럽을 일찍 릴리스하지 마라. 사진에서 보는 것처럼 다운스윙에서 손목각도를 유지하지 못하면 잔디와의 접촉이 많아져서 클럽헤드의 속도가 줄어들게 된다. 그러므로 볼을 퍼 올리려고 하는 유혹을 뿌리쳐야 한다. 그 대신 클럽의 로프트를 믿고 클럽페이스를 오픈시키고 쳐야 한다.

볼이 마른 잔디 위에 놓여있는 경우가 아니라면 잔디의 저항과 오픈된 클럽페이스를 고려해서 한 클럽 더 길게 잡는다. 그리고 나서 그 로프트를 이용해서 풀스윙을 70%의 힘으로 부드럽게 해서 그린을 넘어가지 않도록 해야 한다.

BASICS

러프에서는 잔디의 저항을 피하기 위해 가파르게 스윙하라

— 부치 하먼

러프에서 뒤땅을 치는 것은 잘못된 백스윙의 결과물이다. 만일 보통 백스윙을 한다면 백스윙 때 클럽을 낮게 가져갈 것이며, 다운스윙 때도 지면에 낮게 내려와 볼 뒤의 잔디를 많이 접촉하게 된다.

이것을 피하기 위해서는 테이크 어웨이를 가파르게 하고 손목 코킹을 빨리 해야 한다. 이렇게 하면 클럽이 내려올 때도 볼에 가파르게 접근하여 깨끗하게 칠 수 있게 된다.

또한 거친 러프에서 일반적인 릴리스를 하면 잔디가 클럽의 목 부분(호젤)을 감기 때문에 클럽페이스가 닫히므로 페이드를 치는 것이 좋다. 그러므로 어드레스 때 클럽페이스를 약간 오픈시키고 왼쪽을 겨냥한 다음 스윙을 할 때는 손목을 견고하게 하여 임팩트시킨다. 그러면 볼이 잘 떠서 오른쪽으로 커브를 그리며 날아갈 것이다.

릴리스 향상 연습 팁

릴리스 감각을 향상시키기 위해서는 먼저 실제와 같은 스탠스로 어드레스를 취한다. 왼손으로는 클럽을 잡고 오른손으로는 볼을 든 채 오른팔로만 스윙하여 백스윙 톱까지 올린 다음, 다운스윙 때는 어드레스 자세를 이루고 있는 왼팔과 클럽샤프트 안으로 볼을 던져라. 이렇게 하면 몸이 회전하면서 왼팔이 타깃쪽으로 펴지는 느낌이 드는데, 실제로 볼을 칠 때도 이와 똑같은 느낌이 재현되어야 한다. — 데이비스 러브 주니어

ADVANCED

아이언 샷의 탄도를 조절하는 방법
– 조너선 비어드

플레이를 할 때 가끔 볼의 방향 외에도 특정한 높이의 탄도가 필요할 때가 있다. 높거나 낮은 탄도의 샷을 할 때는 다음 사항을 유의하라. 어드레스 때 볼을 뒤에 놓을수록 탄도는 더 낮아진다. 하지만 볼을 너무 앞이나 뒤에 놓으면 안 되는데, 그 이유는 샷의 구질에 영향을 미치기 때문이다. 예를 들어, 볼을 너무 뒤에 놓으면 볼은 타깃보다 오른쪽으로 날아가게 된다. 볼의 위치를 변화시킬 때는 볼 크기의 3~4개 간격 이하면 충분하다.

샤프트 이야기

스틸 샤프트가 모든 골퍼들에게 적합한 것은 아니다
– 마이크 스타추라

샤프트의 강도가 같은 아이언 중에서 스틸 샤프트와 그라파이트 샤프트의 차이는 무엇일까? 이런 궁금증을 알아보기 위하여 핸디캡 5인 골퍼에게 샤프트 강도가 S인 스틸 샤프트와 그라파이트 샤프트 아이언을 치게 했다. 또한 핸디캡 14인 골퍼에게는 강도가 R인 두 가지 샤프트의 아이언을 치게 했다.

스틸 샤프트는 핸디캡 5인 골퍼에게 가장 좋은 효과를 보였다. 그는 평균 비거리를 8야드 더 멀리 쳤고 정확도도 더 좋았다. 반면에 핸디캡 14인 골퍼는 그라파이트 샤프트 7번 아이언이 더 정확했고, 평균 30야드 더 멀리 쳤다. 다른 부수적 결과는 탄도적인 면에서 볼 때 그라파이트 샤프트 아이언이 최고 2.50야드 더 높았다.

국제골프클럽 피팅전문인협회 회장인 마이크 디커슨은 "그라파이트 샤프트는 대개 벤드 포인트(휘는 부분)가 샤프트의 하단부에 있기 때문에 볼을 더 띄우기 쉽게 되어 있다."라고 말했다. 또한 일반적으로 드라이버의 스윙 스피드가 시속 95~100마일이 된다면 스틸이나 그라파이크 샤프트 중 어느 것을 사용해도 상관없다는 것이다. 나는 가끔 골퍼들에게 올바른 샤프트 사용을 돕기 위해 그들의 스윙이 볼을 때리는 스타일(히터)인지 아니면 스윙을 이용해 볼을 치는 스타일(스윙어)인지를 묻는다. 예스퍼 파네빅과 같은 빠른 템포로 볼을 때리는 스타일에게는 스틸 샤프트 아이언을 권한다. 하지만 부드러운 스윙 템포를 가진 프레드 커플스와 같은 골퍼들에겐 그라파이트 아이언을 권한다.

스틸과 그라파이트 샤프트의 차이는 치는 사람의 스윙 스타일에 따라 달라진다.

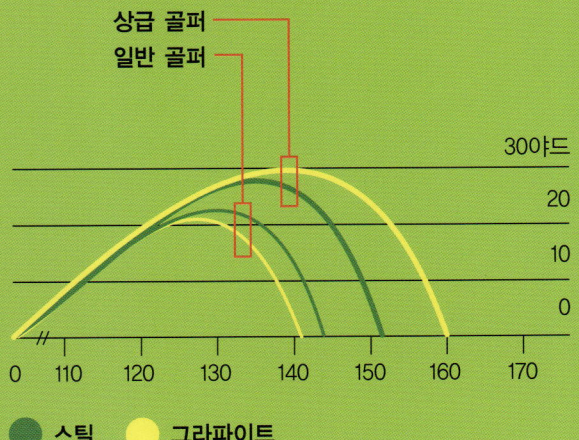

골프 건강

팔꿈치 부상(테니스 엘보)을 극복하는 방법
– 론 카스프리스크

팔꿈치 주위 힘줄의 염증, 특히 팔꿈치 바깥쪽 염증(보통 테니스 엘보로 알려짐)은 골퍼들에게 많이 나타나는 부상 중 하나이다. 이것은 특히 아마추어 골퍼들에게 많이 생기는데, 그 원인은 스윙을 가파르게 하여 심하게 땅을 치는 충격이 팔에 전달되기 때문이다. 만약 팔꿈치 주위에 염증이 생긴다면 다음과 같이 치료해보자.

❶ 팔꿈치에 얼음찜질을 하라(1시간 간격으로 하되 15분 이상은 하지 마라.).
❷ 잘 때 손목에서 팔꿈치까지 연결되는 힘줄의 안정과 편안함을 위해서 손목에 보호대를 착용하라.
❸ 이부프로펜이나 나프록센 소듐 같은 소염제를 복용하라.
❹ 일단 염증이 가라앉으면 팔뚝을 강화하는 운동을 하라.

ADVANCED

내리막 경사에서는 앞발에 체중을 실어라

— 톰 왓슨

내 경험상 마스터스 토너먼트에서는 평평한 라이에서 플레이를 한 적이 거의 없었다. 특히 15번 파5홀은 전형적인 내리막 경사 홀이다. 나는 요즘 이 홀에서는 주로 세 컨샷으로 직접 그린을 노리지 않고 레이 업 전략을 사용한다. 특히 맞바람이 불 때는 더욱 그렇다.

당신은 내리막 경사에서 어떻게 플레이하는가? 내리막에서 샷을 하기 위해서는 스탠스를 더 넓게 벌리고 볼을 더 뒤에 놓고 어깨를 경사면에 평행이 되도록 맞춰야 한다. 오른손잡이라면 왼쪽 어깨가 오른쪽 어깨보다 낮아야 한다. 여기서 중요한 사항은 체중이 왼발 쪽에 실려야 한다는 것이다. 오른발 쪽으로 약간 체중을 이동했다가 다시 돌아오게 하는 것은 괜찮지만 백스윙을 하는 동안 무게중심은 왼발 안쪽에 남아 있어야 한다.

스윙을 하는 동안 몸이 뒤로 쏠리면 뒤땅을 치게 되므로 땅보다 볼을 먼저 치는 것에 초점을 맞추고 볼 앞쪽 땅에 디봇을 만들어야 한다. 내리막 경사에서는 볼이 낮게 날아가고 많이 굴러가는 경향이 있으므로 백스윙 때 오른팔로 클럽을 빨리 들고 로프트를 더 크게 만들기 위해서 가파르게 스윙해야 한다. 짧은 거리의 샷일 경우에는 클럽페이스를 더 오픈시켜야 한다.

ADVANCED

오르막 경사에서는 체중을 타깃 쪽으로 밀어라

— 짐 맥린

오르막 경사에서의 올바른 그린 공략법은 한 클럽 더 길게 잡거나 경사가 심하다면 두 클럽 길게 잡고 플레이하는 것이다. 거리 계산은 그린 뒤쪽 에지에 맞춰서 하라. 그렇게 해도 그린을 넘어가는 일은 거의 없다. 만약 그린 앞에 큰 벙커가 있거나 깃대가 윗부분만 보인다면 그 사이에 숨겨진 거리 때문에 짧게 느껴지므로 착시현상에 주의해야 한다.

그리고 오르막 경사는 오른쪽이 낮기 때문에 체중이 뒤로 쏠리는 경향이 있어서 볼의 탄도가 높아지게 된다. 그러므로 경사와 반대로 체중을 이동해주는 것이 좋다. 즉, 체중을 타깃 쪽으로 밀면서 샷을 해야 한다. 라이가 평평해도 더 먼 거리에서 샷을 한다는 개념을 가져야 한다.

ADVANCED

볼이 발보다 낮을 때는 엉덩이부터 상체를 더 숙여라

– 토드 앤더슨

볼이 발보다 낮은 위치에 놓여 있을 때 어드레스를 하면 클럽헤드의 힐(heel) 부분이 지면에 닿게 된다. 이때 그립을 위로 올려서 토우(toe)와 힐 전체가 지면에 닿도록 하라. 그러면 지면의 경사가 당신과 볼 사이의 거리를 더 멀게 만들기 때문에 클럽이 짧아지는 결과가 된다. 따라서 상체를 더 숙이되 엉덩이에서부터 숙여서 클럽이 지면에 닿도록 해야 한다. 그러면 샤프트의 각도는 더 수직에 가까워질 것이다. 스윙을 할 때는 클럽이 위 아래로 가파르게 움직이게 되며 클럽페이스의 회전이 어려워지기 때문에 샷은 오른쪽으로 휘어지게 된다. 이렇게 오른쪽으로 커브를 그리며 날아가는 것을 고려하여 타깃보다 왼쪽을 조준해야 한다. 이 샷은 더 높은 탄도로 날아가서 그린에서 많이 구르지 않는다는 것을 알아야 한다.

견고한 그립 잡는 법

좋은 그립이란 양손이 하나로 일체가 되어 움직이는 것이다. 두 손으로 견고하게 그립을 잡기 위해서는 먼저 왼손을 올바르게 잡아야 한다. 왼손바닥 안쪽 두툼한 부분으로 그립을 누르고 샤프트가 왼손 검지 관절 위에 직접 걸쳐지도록 잡아야 한다. 그 다음 왼손의 나머지 부분을 그대로 감싸 쥔다. 이때 다른 손가락을 먼저 쥐고 엄지손가락은 맨 나중에 잡는다.

이렇게 그립하면 스윙하는 동안 클럽이 움직이지 않고 제자리에 있게 될 것이다. 오른손을 잡는 올바른 방법은 손바닥으로 잡는 것이 아니라 손가락으로 잡아야 한다. 가운데 중지와 약지 두 개의 손가락으로 압박해서 잡는다. – 벤 호건

멘탈을 위한 팁

통계 중의 통계, 그린 적중률
– 쟈니 밀러

요즈음 PGA 투어 플레이어들이나 그들의 팬들은 선수들의 플레이 기록통계를 찾아보기 좋아한다. 한 라운드의 플레이 내용을 비교하기 위해서 사용되는 기록 중에서도 그린 적중률은 다른 통계보다 더 중요하게 여겨진다.

1970년대에서 1980년 초까지 나의 전성기 시절에는 플레이를 하고 나서 늦은 시간에 동료들을 만나면 늘 다음과 같은 질문으로 대화가 시작되었다. "오늘 경기에서 그린에 몇 개 올렸나?" 그 대답으로 플레이 내용 전체를 가늠하기는 힘들지만 스코어와 연관시켜 생각해보면 거의 내용을 파악할 수 있다. 만일 그린 적중을 15개 시켰고 스코어는 74타를 기록했다면, 그 의미는 롱 게임은 훌륭했으나 퍼팅은 좋지 않았다고 판단할 수 있다. 반대로 11개의 그린을 적중시켰으며 스코어는 69타를 기록했다면 그 플레이 내용은 반대가 될 것이다. 즉, 롱 게임 샷은 난조를 보였지만 그린 주위에서의 숏 게임과 퍼팅은 챔피언같이 했을 것이라는 것이다.

기록통계 중에서 그린 적중률은 프로들뿐만 아니라 아마추어들도 가장 먼저 관심을 가져야 할 부분이다. 만일 당신이 한 라운드에서 그린 적중을 3개만 높여도 스코어는 드라마같이 향상될 것이다.

ADVANCED

볼이 발보다 높을 때는
그립을 짧게 잡아라
— 부치 하먼

이 경사에서는 볼이 몸에 더 가깝기 때문에 몸을 더 세워서 서는 것이 자연스럽다. 그리고 어드레스는 그립을 2.5~5cm 정도 짧게 잡고 볼에 더 가깝게 서야 한다. 중력이 당신을 경사 아래 뒤꿈치 쪽으로 끌어당기기 때문에 체중을 발가락 쪽에 더 많이 두고 셋업을 해야 한다. 이렇게 서 있는 자세에서는 스윙이 더 완만하거나 몸통 주위로 야구스윙같이 이루어진다. 이것은 샷을 할 때 손과 팔의 회전을 촉진시켜 클럽페이스가 빠른 속도로 닫히게 된다. 그러므로 볼이 발보다 위에 있을 때 볼을 치면 왼쪽으로 가는 경향이 있으므로 타깃의 오른쪽을 향해 에임해야 한다.

ADVANCED

뒤바람이 불 때는 강하게 쳐라

– 톰 왓슨

뒤바람이 부는 상황에서 그린을 노릴 때는 생각보다 바람의 영향을 더 많이 고려해야 한다. 볼을 치고 나면 더 멀리, 더 낮게 날아가고 지면에 떨어진 후에도 런이 많이 생기기 때문이다. 그러므로 그린 앞에 장애물이 없다면 볼을 그린 앞에 짧게 떨어뜨리는 요령이 필요하다.

지난번 로열 애버딘 골프클럽에서 열린 시니어 브리티시 오픈 12번 홀은 뒤바람 때문에 볼이 얼마나 많이 구르는지를 보여준 좋은 예이다. 내 볼은 그린 앞 에지까지 200야드 남은 지점에 있었다. 첫째 날 나는 6번 아이언을 쳤는데 볼은 240야드를 갔다. 다음 날 나는 같은 바람 세기의 상황에서 7번 아이언을 쳤고 그 거리는 맞아 떨어졌다. 볼이 그린보다 약 30야드 짧게 떨어져서 50야드 정도의 런이 발생했다.

뒤바람 상황에서의 핵심 요소는 스윙을 할 때 백스핀을 더 생성시키기 위해 충분한 클럽헤드 스피드로 쳐야 하며, 볼을 더 높이 띄우는 것이 좋다. 물론 뒤바람이 볼을 낮게 날아가게 만들기 때문에 볼을 높게 띄우기는 어려울 것이다. 특히 요즘에는 스핀이 적게 걸리는 신제품 볼들 때문에 뒤바람이 불 때 샷을 하는 것이 더 어려워지기도 했다. 그러므로 스윙 스피드를 높이면서 조절을 하면 더 많은 스핀을 만들어 낼 수 있다.

맞바람일 경우에는 스윙을 부드럽게 하고, 뒤바람일 때는 스윙을 강하게 하라. 역설적이지 않은가? 그렇다. 여기서 기억해야 할 것은 런이 많이 발생한다는 것이다. 그린 앞쪽에 장애물이 없다면 그린보다 짧거나 그린 바로 앞에 볼을 떨어뜨려 굴린다고 생각하라.

ADVANCED

맞바람일 때 넉다운샷을 쳐라
– 파드리그 해링턴

나는 아일랜드 출신이기 때문에 볼의 탄도를 낮게 치는 방법에 대해서 비교적 빨리 배웠다. 바람이 많이 불 때는 낮게 치는 것이 유일한 방법이다.

유럽에서는 낮은 탄도의 샷이 베스트 샷이 될 수 있으나 미국에서는 이 샷이 쓸모없을지도 모른다. 그린이 단단하고 빠른 경우에는 낮은 탄도의 샷을 칠 필요가 없으므로 치기 전에 볼이 그린 위에서 어떻게 반응할 것인지에 대해 생각해봐야 한다. 만일 그린이 딱딱하여 볼을 세우기가 어렵다면 높은 탄도의 샷을 구사해야 한다.

맞바람 상황에서는 평소보다 한 클럽 길게 선택하고 그립을 2.5~5cm 정도 짧게 잡는다. 그립을 짧게 잡으면 거리도 짧아지지만, 한 클럽 길게 선택했기 때문에 거리 문제는 해결되며 로프트가 작아져서 탄도는 낮아지게 된다. 스윙을 할 때 몸이 볼 위에 머무르게 하기 위해서 볼에 좀 더 가깝게 셋업하는 것이 필요하다. 미들 아이언을 치기 위해 셋업할 때는 볼을 스탠스 가운데나 약간 뒤쪽에 놓고, 임팩트 순간 클럽을 더 세워서 치는 자세를 만들어야 한다.

3/4 백스윙과 3/4 피니시를 해야 하며 눈과 머리가 볼 위에 머무르도록 초점을 맞춰야 한다. 즉, 임팩트를 하는 동안 가슴으로 볼을 덮는다는 느낌을 가져야 한다는 뜻이다. 이러한 자세가 볼이 낮게 날아갈 수 있도록 도와준다.

또한 이 샷을 시도하기 위해서는 연습을 많이 해야 한다는 사실을 잊지 마라. 연습을 충분히 하지 않으면서 실전에서 이 샷을 잘 할 수 있으리라고는 기대하지 마라. 연습장에서도 평소에 낮게 치는 샷을 연마해야 한다는 것을 기억하라.

ADVANCED

바닥이 단단하고 짧은 잔디 위에서 견고하게 치는 방법

— 닉 프라이스

잔디가 땅에 붙어 있을 정도로 짧고 단단한 곳에서는 미들 아이언이나 롱 아이언을 치기가 어렵다. 그렇다고 가파르게 스윙을 하면 볼이 높이 떠서 부드럽게 착지하기는 하지만 뒤땅을 치기 쉽다. 이런 곳에서 성공확률이 가장 높은 샷은 넉다운 드로우샷(knockdown draw shot), 즉 오른쪽에서 왼쪽으로 커브를 그리며 착지 후 많이 구르는 낮은 탄도의 샷이다.

이 샷은 타깃보다 오른쪽으로 에임하고 3/4 스윙을 하여 위에서 클럽헤드로 볼을 눌러 친다는 느낌으로 쳐야 한다. 볼이 왼쪽으로 커브를 그리게 하기 위해서는 다운스윙을 할 때 클럽이 타깃라인보다 안쪽에서 내려와야 하며, 더 완만한 궤도를 이루어야 한다. 딱딱한 지면에서 가파른 스윙으로 볼을 칠 경우 완벽하게 치지 못하면 클럽이 지면에 먼저 닿고 팅겨져 볼을 치는 결과가 일어난다.

반면에 완만한 궤도의 드로우샷은 클럽헤드가 잔디를 따라 스쳐 지나가기 때문에 평범한 샷을 해도 좋은 결과를 만들어 낼 수 있다. 이렇듯 낮은 드로우샷의 장점은 완만한 스윙 궤도가 실수의 폭을 줄여주며 특히 단단한 잔디에서는 더욱 그렇다. 임팩트 구간에서 클럽헤드가 더 오랫동안 머물기 때문에 완벽하게 치지 않아도 비교적 좋은 결과를 만들어 낼 수 있다.

이렇게 치기 위해서는 볼을 스탠스 중간보다 뒤쪽에 놓고 그립을 2.5cm 정도 짧게 잡고 백스윙을 보통 샷보다 더 안쪽으로 해야 한다. 백스윙을 안쪽으로 하기 위해서는 어드레스 때 오른발을 3cm 정도 뒤로 빼는 것이 좋다. 일단 백스윙을 안쪽으로 하면 다운스윙 때 몸을 특별히 사용하지 않아도 클럽을 안쪽으로 끌고 내려올 수 있는 공간이 생기게 된다.

피트니스 팁

아이언샷을 향상시키는 엉덩이 교차 운동
– 마크 베르스테겐

엉덩이 근육이 유연하지 않으면 견고한 임팩트를 만들어내기 위해 필요한 2가지 중요한 요소를 실행할 수 없다. 즉, 볼을 치는 동안 몸을 역동적으로 움직일 수 없고, 자세를 잘 유지할 수도 없게 된다. 그래서 이번에 소개하는 엉덩이 교차운동은 엉덩이가 움직이는 범위를 향상시키며, 엉덩이에 느껴지는 압박감을 줄이고, 경직된 엉덩이로 인하여 생기는 허리 부담을 줄여주는 데 도움이 된다. 이제 엉덩이 교차운동 방법을 소개한다.

❶ 바닥에 누워 위를 바라보고 양팔을 옆으로 벌린다.
❷ 양발은 어깨너비보다 넓게 벌린 채로 무릎을 굽히고 뒤꿈치를 바닥에 닿게 한다.
❸ 굽혀진 다리가 지면을 닿을 때까지 오른쪽으로 비틀어 돌린 다음 다시 반대쪽으로 동작을 반복한다. 8~10번 정도 좌우로 반복하며 실시한다. 이때 어깨는 바닥에 닿아야 하며 배에 힘을 줘서 단단하게 해야 한다. 그리고 엉덩이와 허리가 신장되는 느낌을 가져야 한다.

06 우드&하이브리드
WOODS&

리키 파울러가 2010 메모리얼 토너먼트에서
역동적인 페어웨이 우드샷을 하고 있다.

06

우드&하이브리드

HYBRIDS

219

우드&하이브리드샷의 이해

현 시대에 사용되고 있는 골프 볼이 발명된 이후로 가장 획기적인 진화를 꼽는다면 하이브리드 클럽이 널리 보급된 것이라 할 수 있다. 하이브리드로 불리는 이유는 아이언과 페어웨이 우드의 특성을 모두 가졌기 때문이며, 2~4번 아이언과 비교할 때 실수를 커버해주는 기능이 놀랄 만큼 좋다.

또, 하이브리드 클럽은 아마추어들의 필요에 맞게 페어웨이 우드의 디자인을 개선시켜 그들이 적절하게 사용하는 데 도움을 준다. 최근에 출시되는 드라이버처럼 페어웨이 우드도 크고 가벼워졌으며, 어떤 제품은 슬라이스나 훅이 나는 골퍼들이 샷을 똑바로 보낼 수 있도록 클럽헤드에 조절 기능이 있는 것들도 있다.

요즘에는 클럽을 구성할 때 보통 페어웨이 우드 2개와 하이브리드 클럽 2개를 많이 포함시키는데, 그 이유는 핸디캡이 높은 골퍼들이 사용하기 매우 쉽기 때문이다. 낮은 무게중심과 얇은 클럽페이스 디자인은 초보자들에게도 볼이 잔디에서 쉽게 떠서 날아가도록 도움을 준다. 티샷을 할 때나 페어웨이 벙커에서나 깊은 잔디에서의 하이브리드 클럽 사용이 대부분 롱 아이언을 쓸모없게 만들어 버렸다.

하이브리드나 페어웨이 우드는 모두 높게 멀리 치는 데 필요하지만, 그 클럽들을 잘 다루기 위해서는 길고 천천히 서두르지 않고 스윙하는 것이 중요하다. 이제 이번 장에서는 하이브리드나 페어웨이 우드를 잘 치는 방법에 대해서 알아보자.

▶▶▶ **다음 페이지**
타이거 우즈의 페어웨이 우드샷 연속 동작

200
아마추어들이 주로 하이브리드 클럽이나 페어웨이 우드로 그린에 잘 올릴 수 있는 최대 거리는 200야드이다.

- 하이브리드와 페어웨이 우드를 사용해서 칩핑, 페어웨이 벙커샷, 펀치샷, 그리고 거리보다 정확도를 요구하는 티샷 등 10가지의 다양한 샷을 만들어 낼 수 있다.
- PGA 투어 기록 중 200야드 이상 거리에서 온 그린에 성공하는 확률은 평균 44%이다. 이 부문 1위는 58%이다.
- 보통 스윙 스피드를 가진 골퍼(시속 95마일)가 3번 우드를 치면 드라이버보다 거리가 14%(13.7m) 적게 나가지만, 페어웨이 안에 떨어지는 정확도는 25% 더 높다.

06 우드&하이브리드

우드&하이브리드샷의 이해

221

연습 팁 PRACTICE TIPS

BASICS

몸을 세워서 힘을 빼고 편안한 준비 자세를 취하라

– 잭 니클라우스

내가 생각하는 자세에 관한 가장 좋은 방법을 설명해보겠다. 평소에 하던 대로 서서 다리의 힘을 뺀다. 상체는 등 쪽을 구부리지 말고 허리부터 숙이고 편안함을 유지한다. 그 상태에서 클럽을 잡고 어깨를 늘어뜨린다. 클럽은 팔이 내려온 그 자리에서 잡는다.

등은 비교적 곧게 펴고 엉덩이는 약간 뒤로 빼며 팔은 힘이 빠진 채로 그대로 늘어뜨린다. 또한 왼쪽 어깨가 고정된 머리 아래에서 완벽하게 회전하는 데 방해받지 않도록 턱을 들어 준다. 이 외에 더 이상의 무리한 동작은 필요하지 않다.

BASICS

하이브리드나 우드로 티샷을 할 때는 티 높이가 중요하다

— 행크 헤이니

한 번의 라운드 동안 티를 놓고 치는 기회를 단지 18번만 허락하는 데는 이유가 있다. 왜냐하면 그렇게 샷을 하는 것이 더 쉽기 때문이다. 티 위에 볼을 놓고 칠 때는 그 장점을 이용할 수 있고, 특히 파3홀에서는 항상 그렇게 할 수 있다.

아이언샷이나 하이브리드샷을 티 위에 놓고 할 때는 클럽페이스와 볼 사이의 잔디로부터 방해를 받지 않기 때문에 방향과 거리를 더 잘 조절할 수 있다. 임팩트 순간에 볼과 클럽페이스 사이에 잔디 조각이나 아침이슬같이 무언가가 있다면 볼은 백스핀이 적게 걸리고 예측 가능한 샷을 하기 어렵게 된다.

보통 아이언 티샷을 할 때는 티를 지면 바로 위에 떠있는 것처럼 꽂아야 한다. 마치 볼이 짧은 잔디의 줄기 맨 위에 놓여있는 것과 같아야 한다. 반면에 하이브리드 클럽을 칠 때는 티 높이를 약간 더 높게 꽂아야 하며 지면에서 약 1.5cm 정도 올라오게 한다. 하이브리드 클럽은 클럽헤드의 밑부분에 더 많은 무게가 실려 있기 때문에 그 무거운 부분이 볼의 아래쪽을 지나갈 수 있도록 현대과학기술의 장점을 이용해서 치는 것이다. 페어웨이 우드를 칠 때는 티 높이가 볼의 1/4 정도 지면에서 올라오도록 해주면 된다.

각자의 스윙 스타일에 따라 티 높이를 약간 조절해주는 것을 잊지 마라. 클럽페이스에 임팩트 테이프를 붙이고 티 위에 있는 볼을 쳐봐라. 만일 당신이 볼을 클럽페이스의 상단이나 하단으로 친다면 정중앙으로 칠 수 있도록 티 높이를 조절해야 한다.

[장비]

올바른 페어웨이 우드를 선택하라

- 마이클 존슨

지난 10년 동안 프로골프는 힘의 경기로 변화하였고, 볼은 마치 고성능 비행물체 같이 만들어졌으며, 드라이버 헤드는 요리할 때 쓰는 프라이팬처럼 커졌다. 하지만 페어웨이 우드의 역할은 점점 줄어들고 있다. 파5홀에서 투 온을 노리거나, 긴 파4홀이나 티샷을 할 때 드라이버 대용 등 많은 경우에 사용되던 페어웨이 우드는 서서히 사라져가고 있다. 3번 우드의 로프트는 급속도로 작아져서 과거에는 15도가 기준이었는데, 요즈음 사용하는 대부분의 플레이어들은 15도 이하의 클럽을 사용하고 있다.

최근 스핀이 적게 걸리도록 개발된 볼은 로프트가 작은 우드와는 적합하지 않다. 로프트가 작은 페어웨이 우드는 투어프로들과 같이 빠른 스윙 스피드를 만들어 낼 수 있고 볼을 띄우기 위해 충분한 스핀을 만들어 낼 수 있는 스윙을 가진 사람에게나 적합하다. 과거의 표준이었던 15도 페어웨이 우드는 과다한 스핀을 만들어내기 때문에 플레이어가 원하는 것보다 볼이 더 많이 뜨게 된다. 간단히 말해서 페어웨이 우드로 티샷을 하는 빈도가 줄어들고 잔디 위에서 치는 경우가 더 많아졌기 때문에 이 클럽으로 쳐서 생기는 볼의 탄도는 무엇보다도 중요하다.

로프트가 작은 페어웨이 우드가 모든 골퍼들에게 유용한 것은 아니다. 왜냐하면 당신은 프로와 같이 플레이 할 수 없기 때문이다. 골프 다이제스트가 트랙맨(샷의 구질을 관측하는 장비)을 사용하여 실시한 연구결과에 의하면, 시속 85마일의 스윙 스피드를 가진 골퍼들은 13도짜리 3번 우드를 쳤을 때보다 17도짜리 4번 우드를 쳤을 때 탄도는 30야드가 더 높았고, 비거리는 50야드 더 나갔다. 그 이유는 4번 우드는 샤프트가 짧아 볼을 견고하게 치기가 쉽고, 동시에 헤드 스피드가 유지되면서 로프트가 증가해 추가적인 스핀을 만들어내서 공중에 잘 뜨도록 해주기 때문이다. 로프트가 작든 크든 클럽은 그 나름대로의 특성이 있고, 치는 사람의 스타일에 따라 달라진다.

BASICS

페어웨이 우드로
지면을 쓸어라
— 로레나 오초아

나는 페어웨이 우드를 자신 있게 칠 수 있기 때문에 파5홀에서는 항상 투 온을 노린다. 그 비결은 간단하다. 테이크 어웨이 때 클럽헤드를 지면에 낮게 빼고, 임팩트 후에도 낮게 가져간다. 이 동작은 릴리스를 충분히 할 수 있게 하며, 클럽 페이스가 볼의 중앙 하단부를 쳐서 공중에 높게 띄울 수 있도록 한다.

BASICS

3번 우드의
탑핑을 막아라
— 부치 하먼

단단한 페어웨이에서 3번 우드를 쳐서 최악의 결과를 만드는 골퍼들이 많다. 그들은 클럽의 로프트가 작기 때문에 볼을 공중에 띄우기 위해 더 노력해야 한다고 생각한다. 이러한 생각이 체중을 뒤쪽에 남게 하고 올려치는 스윙을 하게 하며 볼을 더 띄우기 위해 손목을 쓰게 한다.

페어웨이 우드샷을 하기 위해서는 하향 타격으로 내려쳐야 하며, 잔디를 스치거나 디봇을 작고 얕게 만들어야 한다. 그렇게 하기 위해서는 체중을 타깃 쪽으로 이동해줘야 하며 팔이 충분히 펴진 상태에서 볼을 향해 클럽이 휘둘러져야 한다.

여기서 중요한 개념은 볼을 때리는 것이 아니라 피니시까지 스윙을 완벽하게 해준다는 것이다. 볼을 깨끗하게 치고 나면 클럽이 볼을 띄울 수 있는 충분한 로프트를 가졌다는 것을 알게 될 것이다. 그러므로 다운스윙 때 체중을 뒤쪽에 남기지 말고 피니시까지 충분한 스윙을 해줘야 한다.

BASICS

하이브리드 클럽을 치는 방법
– 행크 헤이니

하이브리드 클럽은 롱 아이언을 대체하기 때문에 그 클럽을 마치 3번이나 4번 아이언을 치듯이 하려는 경향이 있다. 하지만 하이브리드 클럽을 치는 가장 좋은 방법은 7번 아이언을 칠 때와 같은 방법과 테크닉을 사용하는 것이다. 이 클럽을 칠 때 일반적인 충동은 스윙 스피드를 더 내기 위하여 팔과 손을 빨리 움직이며 볼을 띄우기 위해 노력한다는 것이다. 하지만 그러한 동작은 전혀 필요가 없.

그 대신 백스윙 때 어깨회전을 충분히 하고 마지막까지 한 동작으로 스윙하여 피니시에서는 엉덩이와 어깨가 타깃을 향하도록 해야 한다. 피니시에서 오른발가락이 지면에 살짝 닿을 때까지 스윙을 해서 완성된 모습을 만들어야 한다. 볼은 클럽의 로프트가 알아서 띄운다는 것을 믿어야 한다. 하지만 다운스윙을 할 때 어깨회전을 멈추면 스윙의 최저점이 볼보다 너무 뒤에서 형성되어 뒤땅이나 탑핑을 유발하게 된다.

장비

어떤 아이언을 하이브리드로 바꿀 것인가?
– 마이클 존슨

우리는 골프 샷 구질 분석 장비, 즉 트랙맨을 사용하여 중급 핸디캡을 가진 골퍼들을 대상으로 롱 아이언과 하이브리드를 치는 실험을 했다. 우리가 테스트한 플레이어들은 평균적으로 4번 아이언과 4번 하이브리드 클럽이 같은 거리를 나타냈다(180야드). 하지만 3번 아이언은 4번 아이언보다 겨우 3야드 더 나간데 비해(184야드), 3번 하이브리드는 192야드가 나갔다. 그러므로 하이브리드로 바꿔야 할 아이언은 3번이다.

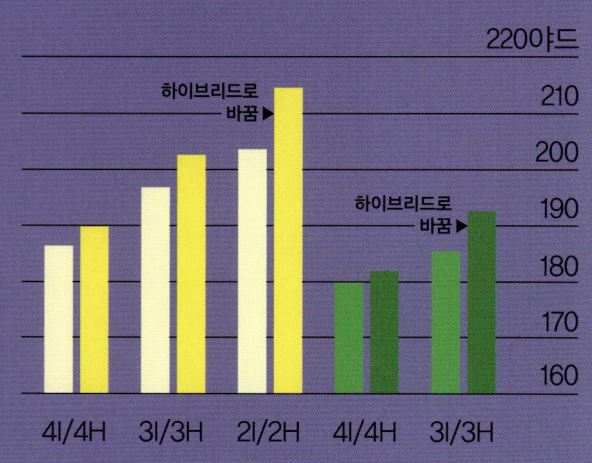

BASICS

하이브리드를 칠 때는 하체를 안정시켜라
— 짐 플릭

밥 토스키와 잭 니클라우스는 나의 골프 레슨에 대한 시각에 중요한 영향을 미쳤다. 그들은 각자 전혀 다른 체격과 스윙 스타일을 가지고 있음에도 불구하고 모두 스탠스가 넓은 것이 좁은 스탠스보다 좋다고 했다. 나는 이것이 긴 클럽을 칠 때 더욱 필요한 개념이고, 특히 러프에서 하이브리드 클럽을 칠 때도 적용되어야 한다는 것을 알았다.

어깨너비보다 더 넓은 스탠스는 상체를 회전시킬 때 안정된 기반을 만들어준다. 그것은 스윙을 하는 동안 엉덩이의 높이가 일정하게 유지될 수 있도록 도와준다. 반면에 스탠스가 너무 좁으면 왼쪽 엉덩이가 내려가게 되고 이것은 미스샷을 유발한다. 하지만 넓은 스탠스는 무게중심을 낮게 해주고, 특히 바람 속에서 플레이 할 때 균형을 잘 유지시켜 주기 때문에 더 쉽게 샷을 할 수 있다.

어드레스 때 오른쪽 무릎을 약간 안쪽으로 미리 굽혀주고 백스윙 톱까지 그대로 유지시켜 줘야 한다. 그렇게 하면 큰 안정감을 얻을 수 있고 클럽이 볼에 적정한 각도로 접근할 수 있어 견고한 임팩트를 만들어 낼 수 있다.

프로의 스윙

나는 2006 US 뱅크 챔피언십 1라운드에서 전반 9홀을 26타로 마친 후 스코어카드를 살펴봤다. 8개의 버디 중 2개는 긴 파4 어려운 홀에서 나왔다. 나는 그 두 홀에서 23도 하이브리드 클럽을 사용했으며 남은 라운드에서도 그 클럽으로 쳤는데, 만일 그 클럽이 없었다면 그렇게 좋은 기록을 낼 수 없었을 것이다. 그 클럽은 180야드에서 210야드까지는 어느 곳에서 치든지 기적을 만들어냈다.

하지만 그렇게 치기까지는 숙련된 기술을 익혀야만 했다. 하이브리드 클럽은 마치 7번 우드를 치듯이 약간 하향타격으로 내려쳐야 한다. 잔디에서 내려치면 더 좋은 샷을 만들어 낼 수 있고 확실한 구질을 보장받을 수 있으며 다양한 탄도를 구사할 수 있다.

— 코리 패빈

ADVANCED

우드와 하이브리드는 볼을 올려치지 말고 내려치는 기술을 습득하라

– 랜디 스미스

당신의 클럽이 볼을 공중에 충분히 띄울 수 있다는 것에 대한 확신을 가지는 가장 좋은 방법은 다음과 같이 증명해보는 것이다.

연습잔디의 얇은 디봇 안 중간에 볼을 놓고 페어웨이 우드나 하이브리드 클럽으로 볼을 쳐본다. 처음에는 볼을 띄우기 위해 손목을 사용해서 치게 되면 뒤땅이나 탑핑을 하게 될 것이다.

하지만 볼을 내려치면 잘 떠서 나간다는 것을 곧바로 알게 될 것이다. 하향타격으로 볼을 내려치는 느낌은 모든 페어웨이 우드나 하이브리드 클럽을 칠 때 가져야 할 중요한 감각이다. 이 방법으로 연습을 하면 당신의 구질은 눈부시게 향상될 것이다.

> **프로의 스윙**
>
> 아마추어 골퍼들은 페어웨이 우드를 칠 때 가끔 다운스윙에서 몸을 타깃 쪽으로 돌려주는 것을 두려워한다. 그러다보면 팔로만 스윙을 하게 되어 파워와 정확도가 떨어진다.
>
> 그러한 동작보다는 타격 구간에서 몸의 오른쪽 부분을 과감하게 돌려주어라. 이러한 몸의 회전동작이 긴 클럽을 칠 때 몸의 오른쪽 부분에서 생성되는 에너지를 클럽헤드로 전달시켜 파워와 일관성을 얻게 된다.
>
> – 쟈니 밀러

ADVANCED

하이브리드 클럽을 잘 치기 위해서는 아이언샷을 생각하라

– 데이비드 리드베터

하이브리드는 보통 페어웨이 우드와 아이언의 중간 성격의 클럽이라고 하지만, 이 클럽을 올바르게 스윙하기 위해서는 롱 아이언 같이 생각하는 것이 좋다.

볼을 스탠스 중간에 두고 임팩트 때는 잔디에서 볼을 깨끗하게 쳐내야 한다. 아마추어 골퍼들이 하는 것처럼 너무 일어서서 볼을 띄우려는 의도적인 동작을 해서는 안 된다.

그 대신 척추의 숙여진 각도를 그대로 유지하고 다운스윙 때는 볼이 몸의 중간에 있다는 느낌을 가져야 하며 내려치는 방법으로 스윙해야 한다. 하이브리드 클럽 헤드의 넓은 바닥은 살짝 뒤땅을 쳐도 구질에 큰 손상 없이 잘 나갈 수 있도록 해준다.

ADVANCED

스윙을 서두르지 않기 위해서는 등이 타깃을 향하도록 하라

– 톰 왓슨

대부분의 골퍼들은 어깨회전을 충분히 하는 것에 대해 소심한 편이다. 특히 목표지점이 좁은 지역에서 페어웨이 우드나 하이브리드와 같은 긴 클럽을 칠 때는 실수를 두려워하기 때문에 더욱 그렇다. 하지만 페어웨이 우드를 칠 때는 다운스윙을 하기 전 등이 타깃을 향할 때까지 돌려준다고 생각하라.

회전을 할 때는 몸의 오른쪽 부분을 지면에 강하게 지탱하고 오른쪽 무릎을 구부린 채로 한다. 무게 중심이 중간에서 약간 뒤쪽으로 치우쳐도 무방하나 왼쪽으로는 밀고 나아가지 않아야 한다. 백스윙을 할 때 몸 오른쪽 부분의 힘을 빼고 부드러운 느낌으로 하면 어깨회전을 충분히 할 수 있다.

나는 백스윙 톱에서 어깨가 볼 위에 있는 것보다는 뒤쪽에 있도록 한다. 또한 왼쪽 어깨가 어드레스 때 오른쪽 어깨가 있었던 위치에 올 수 있도록 노력한다. 그리고 어깨회전에 따라 오른쪽 엉덩이가 돌아가도록 한다.

볼을 칠 때, 특히 좁은 홀에서 페어웨이 우드를 칠 때는 충분한 어깨회전으로 백스윙 톱에서 백스윙을 완성시키고 샷을 해야 한다.

스윙 팁

나는 라운드 도중 우드로 티샷을 할 때 문제가 생기면 그 때마다 다시 올바른 플레이로 돌아가기 위해서 열쇠가 되는 이미지를 머릿속에 그린다. 그것은 임팩트 때 클럽을 어드레스 때의 위치로 다시 가져오는 것이다.

이러한 이미지가 왜 플레이에 도움이 될까? 그것은 하체를 많이 움직이지 않도록 하고, 임팩트 순간 가슴이 볼을 향하게 하며, 척추의 숙인 각도를 그대로 유지시키게 만들어 일관성 있고 견고한 임팩트를 만드는 데 도움을 준다. 또 다른 핵심 포인트는 임팩트 때 오른발 뒤꿈치가 지면에서 들리지 않게 하여 어드레스 때와 같은 상태가 되게 한다.

– 샘 스니드

06

우드&하이브리드

샘 스니드

239

실전 전략 PLAYING STRATEGY

BASICS

3번 우드로 티샷 하는 방법
— 아니카 소렌스탐

골퍼들은 티샷을 조절하기 위해서 3번 우드로 티샷을 하는 경우도 있지만, 거리는 드라이버만큼 나가기를 대부분 원한다. 그러나 그렇게 세게 치면 3번 우드로 티샷을 조절하려는 장점을 포기하게 된다. 설령 볼을 똑바로 길게 잘 쳤다고 해도 3번 우드로 치는 목적은 볼을 페어웨이 안에 안착시키는 것이다.

3번 우드로 티샷을 할 때는 드라이버와 같은 방법을 적용하라. 티의 높이는 볼의 절반 정도가 클럽헤드 윗부분보다 더 올라오도록 한다. 티 높이를 정확하게 놓지 않는 골퍼들은 3번 우드를 치는 데 어려움을 겪게 된다. 그리고 볼의 위치는 드라이버보다 2.5cm 정도 뒤쪽으로 놓아야 한다.

나는 벙커나 워터 해저드로 인해 페어웨이 안착지점이 좁아질 때는 4번 우드를 사용한다. 나는 티샷에서 위험을 겪는 것보다는 세컨샷을 더 긴 아이언으로 치는 것을 선호한다. 한 샷을 하더라도 전략적으로 최선을 다해서 실수를 유발하지 않아야 한다. 드라이버를 치기 위해 빼들었어도 최대 거리를 치기 위해 노력하진 않는다. 나는 모든 클럽을 칠 때 10중 6 정도의 세기로 스윙을 하면서 균형을 잘 유지한다는 것에 중점을 둔다.

플레이 전략

깊은 잔디에서도 우드를 사용하여 하향타격으로 볼의 5~10cm 정도 뒤쪽 지점을 침으로써 볼을 잘 쳐낼 수 있다. 아이언으로 칠 경우에는 클럽헤드와 잔디가 엉키게 되지만, 클럽헤드 사이즈가 크고 목이 가는 우드는 잔디를 누르면서 미끄러져 지나가게 된다.

페어웨이 우드의 또 한 가지 장점은 샤프트가 길기 때문에 많은 노력을 하지 않아도 클럽헤드 속도를 낼 수 있다는 것이다. 대부분의 골퍼들은 러프 속에서 아이언을 사용하여 너무 힘을 주고 스윙을 해서 파워를 일찍 소모해버리고 클럽헤드 속도를 떨어뜨리는 오류를 범하게 된다.

— 데이비스 러브 주니어

`BASICS`

하이브리드 클럽으로 티샷 하는 방법

— 닉 프라이스

볼의 1/4 정도가 클럽페이스의 맨 윗부분보다 높아지도록 티를 꽂는다. 하이브리드 클럽은 헤드의 무게중심이 낮기 때문에 볼을 공중으로 띄우기가 쉬우므로 티를 낮게 꽂아야 한다.

하이브리드 티샷을 위한 또 한 가지 조언은 페어웨이 우드를 치는 것처럼 스윙하라는 것이다. 클럽헤드를 볼에 쓸어내리는 모양으로 접근시켜야 한다.

BASICS

페어웨이 우드샷을 성공시키려면 80%의 힘으로 스윙하라

– 어니 엘스

요즘에는 치기 편한 하이브리드 클럽의 인기가 많지만 롱 게임을 완성시키기 위해서는 페어웨이 우드를 잘 다룰 줄 알아야 한다. 만일 페어웨이에서 3번이나 5번 우드를 자신 있게 칠 수 있다면 파5홀에서 버디를 기록할 기회가 많아지며, 420야드 긴 파4홀에서도 거리에 대한 부담감이 줄어들게 된다.

당신이 페어웨이 우드를 칠 때 타깃까지는 극복해야 할 많은 장애물이 도사리고 있을 것이다. 그럴 경우 샷이 짧아지는 것을 우려하여 본능적으로 좀 더 힘을 줘서 샷을 하려고 하게 된다.

하지만 너무 강하게 샷을 하면 백스윙 톱에서 다운스윙으로 바뀌는 전환동작이 빨라져서 스윙의 조화가 깨지게 된다. 백스윙 톱에서부터 급하게 내려와 볼을 치면 왼쪽으로 잡아당기는 샷이나 슬라이스가 많이 발생한다. 이때 80%의 힘만으로 부드럽게 스윙하면 거리도 더 날 때도 있어 좋은 결과를 얻게 된다.

나는 절대 힘껏 치지 않으며, 특히 긴 클럽을 칠 때는 의식적으로 마치 웨지를 치듯이 스윙한다. 페어웨이 우드를 칠 때도 이러한 점을 기억하기 바란다.

BASICS

도그렉 홀에서는 페어웨이 우드가 안성맞춤이다
– 레어드 스몰

도그렉 홀에서 연못과 숲 등 장애물을 넘기려고 시도하다가 성공하지 못하고 볼을 빠뜨린 경험이 많을 것이다. 도그렉 홀에서 티샷의 목적은 볼이 트러블에 빠지지 않고 좋은 라이에서 세컨샷을 하도록 하는 것이다.

사진과 같이 페블비치 18번 파5홀에서 전방에 보이는 페어웨이 나무보다 왼쪽으로 에임하는 것은 2온을 시킬 수 있는 기회가 될지라도 매우 위험한 선택이다. 그렇게 공략하면 아마 볼을 물에 빠뜨리고 다시 티샷을 해야 될 상황도 발생할 것이다.

이때는 중간에 보이는 나무의 오른쪽 페어웨이로 칠 수 있는 클럽을 선택하라. 3번이나 5번 우드, 하이브리드 클럽 등 그 거리를 칠 수 있는 가장 편안한 클럽이라면 어느 것을 사용해도 좋다. 만일 나무 오른쪽으로 샷을 해서 조금 실수를 하더라도 볼이 착지될 공간이 넓고, 풀샷(왼쪽으로 잡아당기는 샷)을 하더라도 문제는 거의 없을 것이다.

ADVANCED

러프에서 하이브리드 대신 페어웨이 우드를 사용할 때
— 돈 허터

러프에서 최상의 결과를 얻기 위해서는 페어웨이 우드와 하이브리드 클럽의 차이점을 이해해야 한다.
짧은 러프에서는 평평한 클럽헤드 바닥으로 인해 미끄러지듯 잔디를 쉽게 통과할 수 있는 3번 우드가 미들 아이언보다 더 쉽다. 하지만 깊은 러프에서는 무거우면서도 더 작은 헤드를 가진 하이브리드가 볼을 안정적으로 쳐낼 수 있다.
대부분의 하이브리드 클럽은 페어웨이 우드보다 로프트가 더 크며, 이 점이 깊은 잔디에서도 볼을 띄워 날아가게 하는 것이다. 7번 우드와 같이 로프트가 비교적 큰 클럽은 중간 정도 길이의 러프에서 효과적이며, 그보다 더 긴 러프에서는 거리를 조금 손해 보더라도 트러블에서 볼을 잘 쳐낼 수 있도록 하이브리드 클럽을 사용하라.

06

우드 & 하이브리드 실전 전략

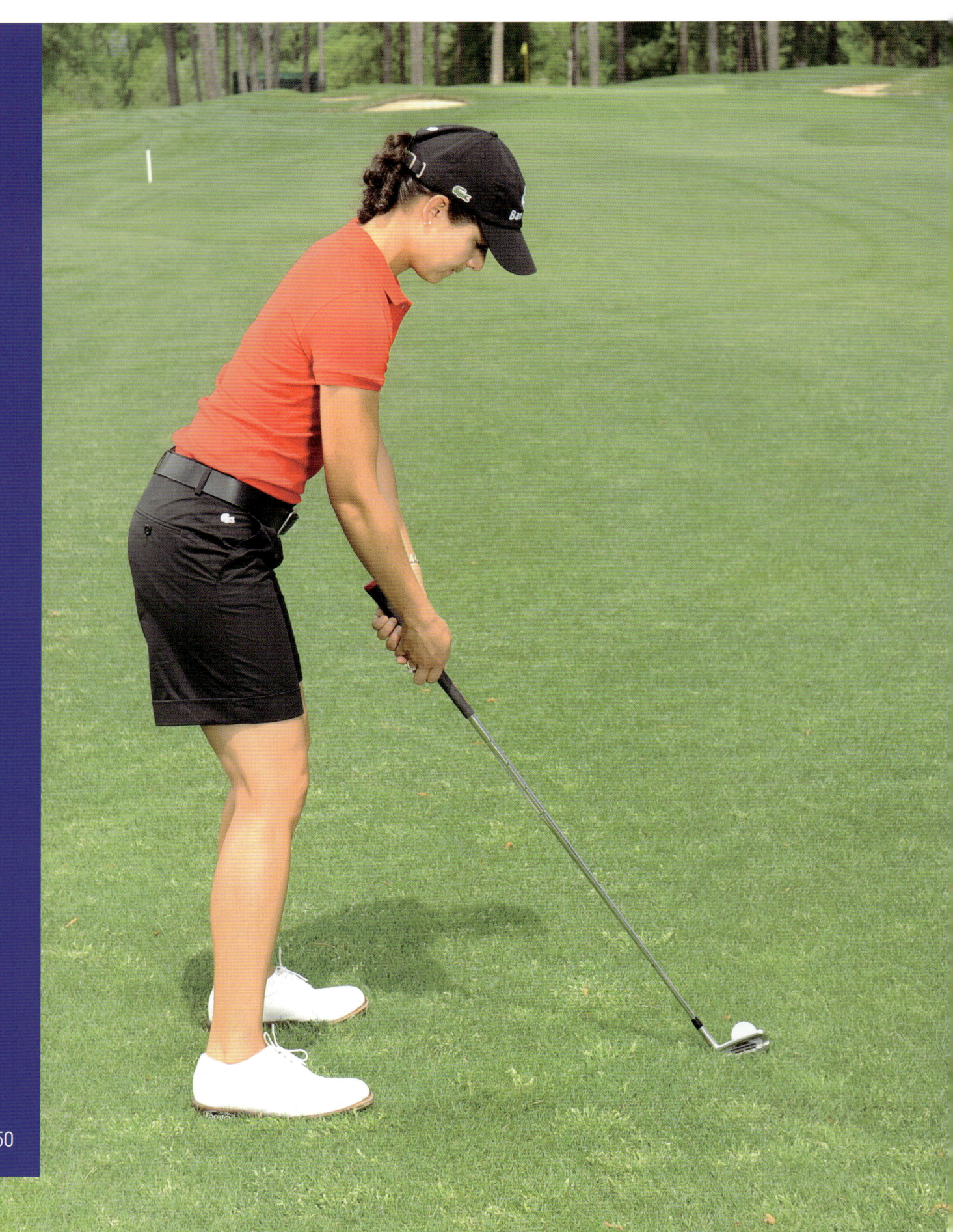

ADVANCED

러프에서 탈출하기 위해서는 하이브리드 클럽을 사용하라
– 로레나 오초아

하이브리드 클럽은 치기가 매우 쉽기 때문에 열악한 상황일 때도 많이 사용된다. 나는 일단 비거리를 많이 내기 위해서 티샷을 할 때는 대부분 드라이버를 사용한다. 드라이버 티샷을 하다가 볼이 러프로 들어가더라도 세컨샷을 하이브리드 클럽으로 보완할 수 있는 자신감이 있기 때문에 하이브리드는 내가 가장 좋아하는 클럽 중 하나이다.

하이브리드의 장점이라면 트러블 상황에서도 치기 쉽다는 점이다. 하이브리드 클럽은 헤드의 밑바닥이 넓고 둥글게 이루어져 있으며 무게중심이 아래쪽에 있기 때문에 긴 잔디에 잠기지 않고 볼 밑으로 잘 미끄러져 갈 수 있다.

러프에서 하이브리드 클럽으로 볼을 깔끔하게 치려면 너무 강하게 칠 필요는 없다. 클럽이 모든 수준의 골퍼들에게 적합하도록 고안되었기 때문이다. 다만 핵심은 셋업을 올바르게 하고 스윙을 가파르게 해야 한다는 점이다.

나는 백스윙을 시작할 때 로프트를 더 크게 하기 위해서 클럽페이스를 약간 오픈시킨다. 그리고 그립을 내려 잡아 비거리를 조절한다(그립을 짧게 잡을수록 더 짧은 거리를 친다.). 그 다음 체중을 왼발 쪽에 더 두며 볼을 왼쪽 뒤꿈치 쪽에 놓고 친다. 나는 셋업을 할 때 클럽페이스를 오픈시키기 때문에 보통 페이드샷을 구사하게 되므로 타깃의 왼쪽을 에임하고 그 방향으로 스윙한다.

> **플레이 전략**
>
> 나는 1961년 랜초 파크에서 열렸던 LA 오픈 1라운드 도중 18번 홀에서 12타 만에 온 그린을 시킨 사건으로 유명해진 적이 있다. 그날 나는 세컨샷을 3번 우드로 연속해서 4번이나 OB 지역으로 쳤다. 사실 그린의 오른쪽과 왼쪽이 위험한 OB 지역이었으나 그다지 위험해 보이지는 않았다. 더구나 볼의 라이가 좋았기 때문에 모험이라는 생각은 전혀 하지도 않았다. 그래서 마음속으로는 충분히 잘 칠 수 있으리라 생각하고 샷을 했다. 다만 샷은 잘 맞았지만 강한 바람이 변수였다. 그 다음 샷도 결과는 마찬가지였다. 그러다보니 세 번째 시도에서는 스윙을 너무 수정하여 훅이 걸리면서 또 OB 지역으로 가버렸다. 그 다음 샷도 같은 실수를 반복했다. 하지만 요즘에도 이러한 공략법이 위험한 모험이라고는 생각하지 않는다.
> – 아놀드 파머

`ADVANCED`

페어웨이 우드로 최상의 샷을 만드는 방법
– 케빈 나

첫째, 타깃을 좁게 설정해야 한다. 나는 그린을 향해 페어웨이 우드로 샷을 할 때 그린의 특정한 착지 지점을 정하고 그곳을 향해 샷을 한다. 그 다음 머릿속에 타깃으로 향하는 라인을 긋고 그 선상 앞 약 60cm 지점을 정한다. 어드레스 때 볼이 그 지점으로 날아가도록 집중하고 볼을 띄우기 위해 왼쪽 어깨를 살짝 들어준다. 이 샷은 힘있게 멀리 치기보다는 정확하게 쳐야 하므로 컨트롤 샷을 하기 위해 그립을 좀 더 짧게 잡는다.

둘째, 볼을 스탠스 중간보다 앞쪽에 놓는다. 참고로 나는 왼발 뒤꿈치 안쪽에 놓는다. 이렇게 하면 완만한 스윙으로 클럽헤드가 볼을 수평으로 칠 수 있다. 만일 볼이 러프 안에 있다면 볼을 약간 뒤쪽에 놓아 클럽헤드가 긴 풀에 감기지 않고 볼을 확실하게 먼저 칠 수 있도록 한다.

마지막으로 모든 일련의 동작들을 천천히 하면서 정확한 임팩트를 만드는 것에만 초점을 맞춘다. 만일 정확한 임팩트를 만들기만 하면 특별히 세게 스윙을 하지 않더라도 충분한 거리를 보낼 수 있다.

> **멘탈을 위한 팁**
> 내가 가끔 말하는 목표가 있다. 나는 이것을 과정의 목표라고 부르는데, 성공은 인내와 끈기를 가지고 옳은 방법을 반복함으로써 이루어진다. 과정의 목표는 플레이어에게 만족할만한 결과를 위해 노력해야 하는 필수 요소인 것이다. 그리고 그 과정을 통해 얼마나 훌륭한 결과를 맛볼 수 있는지를 알 수 있다. 아마추어 골퍼들은 하이브리드나 페어웨이 우드로 티샷을 할 때 실수를 자주 범하곤 하는데, 그 이유는 드라이버보다 짧은 클럽을 잡았기 때문에 티샷이 자동적으로 더 쉬워질 것이라 생각하기 때문이다. 하지만 당신이 어떤 클럽을 치든지 그 과정은 확실히 해야 한다. 따라서 어떤 클럽을 선택하든 어드레스를 하기 전에 다음과 같이 자신에게 말하라. "나는 나 자신을 믿으며 모든 샷에 대한 나의 스윙을 믿는다. 나는 볼을 원하는 곳으로 보낼 수 있는 완벽한 조절 능력은 없지만 나 자신에 대한 믿음의 조절은 완벽하게 할 수 있다."라고 말이다.
> – 밥 로텔라 박사

ADVANCED

페어웨이 벙커에서는 하이브리드 클럽으로 탈출하라

— 닉 프라이스

페어웨이 벙커에서 가장 중요한 것은 클럽헤드가 볼에 접근하는 각도이다. 볼을 스탠스 중간보다 약간 뒤쪽에 놓고, 아이언을 칠 때보다 클럽헤드의 궤도를 완만하게 해서 볼을 쳐야 한다. 다운스윙 때 클럽헤드가 타깃라인보다 안쪽에서 내려오는 것이 도움이 된다.

스윙 팁

나는 마스터스 토너먼트에서 하이브리드 클럽으로 샷을 하곤 했는데, 특히 꽤 먼 거리에서 깃대를 향해 샷을 할 때는 더욱 그렇다. 이때는 볼을 높이 쳐야 하고 낙하산처럼 부드럽게 착지시켜야 하는데, 그 방법은 다음과 같다.

먼저 어드레스 때 볼에 비교적 가깝게 선다. 이렇게 하면 임팩트 순간 클럽의 로프트를 충분히 이용할 수 있도록 스윙 플레인이 가파르게 된다. 또한 체중을 뒤꿈치 쪽에 두어라. 그러면 백스윙을 할 때 몸이 볼 뒤에 위치해서 그 상태가 유지될 수 있도록 한다. 그리고 클럽을 뒤로 들어 올릴 때 백스윙 톱에서 손이 어깨 위로 높이 올라갈 수 있도록 해야 한다. 이때 손의 위치가 높아야 한다는 점이 중요한데, 그 이유는 백스윙 톱에서 손의 위치가 높아야 다운스윙 때 가파른 각도로 떨어질 수 있어 볼의 탄도를 높일 수 있기 때문이다. 즉, 다운스윙을 할 때 볼을 퍼내거나 쓸어 치는 대신 클럽이 볼을 향해 날카롭게 떨어지는 느낌이 들어야 한다.

— 바이런 넬슨

ADVANCED

페어웨이 벙커에서는 하이브리드 클럽이 현명한 선택이다
– 부치 하먼

만일 당신이 롱 아이언 대신 하이브리드 클럽으로 바꿔야 하는 이유를 찾지 못했다면 한 가지 이유를 더 설명하겠다. 그것은 바로 하이브리드 클럽은 페어웨이 벙커에서 사용하기에 매우 탁월한 기능을 가지고 있다는 점이다. 클럽헤드 바닥이 둥글게 만들어졌기 때문에 아이언보다 모래에서 통과하기 더 쉽고 치기에도 쉬워 보인다. 다만 한 가지 주의해야 할 점은 벙커 턱이 하이브리드 클럽으로 샷을 했을 때 충분히 넘어갈 수 있도록 낮아야 한다는 것이다.

페어웨이 벙커에서 하이브리드로 샷을 하기 위해서는 첫째, 그립을 약 2.5cm 정도 짧게 잡고 발을 같은 깊이만큼 비벼서 모래 안에 묻어야 한다. 이렇게 셋업을 하면 발이 볼보다 낮은 위치가 되므로 그립을 짧게 잡아도 그만큼 높이가 같아지는 결과가 된다. 그 다음 볼의 위치를 평소 때보다 뒤에 놓아서 클럽헤드가 볼을 먼저 깨끗하게 칠 수 있도록 해야 한다.

둘째, 백스윙을 시작하기 전에 턱을 들어야 한다. 그러면 척추가 똑바로 들리면서 백스윙 회전이 쉬워지는 것을 알 수 있다. 대부분의 플레이어는 벙커에 들어가면 긴장을 하고 볼에 집착한 나머지 몸이 굳어지며 따라서 턱도 아래로 내리게 된다. 하지만 이런 상황일수록 몸을 세우면서 어드레스를 하고 스윙 내내 그 높이를 유지하면 클럽헤드가 볼을 잘 쓸어 칠 수 있게 된다.

마지막으로, 너무 힘을 주어서 강하게 스윙하지 마라. 부드럽게 스윙하고 몸의 균형을 안정되게 지켜야 한다.

`ADVANCED`

그린 주위에서 하이브리드를 사용하는 방법

– 토드 해밀턴

내가 2004년 로열 트룬에서 열린 브리티시 오픈에서 우승했을 때, 나는 하이브리드를 이용한 칩샷에 신경을 많이 썼다. 그 때 나는 12번 이상 그린 주위에서 하이브리드 클럽을 사용했고, 심지어 어니 엘스와의 연장전에서도 하이브리드 클럽을 사용하여 홀에 가깝게 붙이면서 우승을 이끌어 냈다.

그린 주위에서 볼을 띄울 필요가 없는 상황에서는 하이브리드 클럽이 훌륭한 선택이 될 수 있다. 하이브리드는 먼 거리에서도 사용할 수 있고, 그린 주위 20야드 지점에서도 잘 사용할 수 전천후 클럽이다. 하이브리드로 칩샷을 하면 처음에는 볼이 약간 점프를 하지만 그 다음부터는 강한 퍼팅을 한 것처럼 잘 구르며, 아마추어들에게는 볼을 더 높이 띄우는 칩핑보다 더욱 쉽게 할 수 있다는 장점이 있다. 또한 비록 샷을 약간 잘못 하더라도 볼이 그린 위로 굴러 올라갈 수 있는 확률이 높다.

나는 그린 주위에서 하이브리드 클럽을 사용할 때 올바른 그립과 스윙 방식을 익혀서 퍼팅을 하듯이 할 것을 권한다. 이 때 핵심은 스윙을 앞뒤로 부드럽게 해야 하며, 스윙을 하는 동안 클럽헤드를 지면에서 수평으로 움직이도록 유지해야 한다는 점이다. 절대로 내려치면 안 된다. 그렇게 하면 클럽의 로프트가 자연스럽게 볼을 살짝 뜨게 만들고, 그 다음에는 잘 굴러가게 된다.

피트니스 팁

스윙 연속동작을 향상시키는 운동
- 마크 베르스테겐

하이브리드나 페어웨이 우드를 잘 칠 수 있으려면 대부분 힘차게 내려오는 다운스윙의 타이밍이 잘 맞아야 한다. 많은 골퍼들은 백스윙을 급하게 해서 백스윙 톱에 도달하기 전에 일찍 멈춰버리고, 결국 다운스윙의 순차적인 동작을 망가뜨린다.

이러한 단점을 보완하기 위해서는 허리를 낮추고 무릎을 구부린 자세를 만드는 운동이 도움이 된다. 이것은 엉덩이 근육을 활발하게 움직일 수 있도록 늘려주어 둔부를 강화시키고, 몸의 올바른 회전동작을 이루게 하여 스윙 스피드를 증가시키는 데 도움을 준다.

❶ 양손을 가슴 앞에 모으고 똑바로 선다.
❷ 왼발을 뒤쪽 대각선으로 교차시켜 약 90cm 지점(오른발보다 약 30cm 정도 더 오른쪽)에 놓는다. 그 다음 스쿼트 동작처럼 앉았다 일어난다. 그 다음 발을 바꾸어서 반복한다.

06 로드&하이브리드 파트너

07 드라이버
DRIVER

2011 패블비치 내셔널 프로암 경기 마지막 라운드 18번 홀에서 헌터 마한이 멋진 티샷을 날리고 있다.

드라이버샷의 이해

230야드 파3홀에서 플레이하거나 550야드 파5에서 투 온을 노리는 경우가 아니라면 대부분 한 라운드 당 드라이버는 14번 사용하게 된다. 만일 90타를 치는 골퍼라면 라운드 당 드라이버를 치는 횟수가 전체 스코어의 16%가 된다는 말이다. 퍼팅은 한게임 당 스코어의 40%를 차지하고 아이언샷은 30%까지 차지하지만, 드라이버샷도 중요하기 때문에 이 책의 뒷부분을 특별히 드라이버샷을 위해서 남겨두었다.

우리는 드라이버의 타구 음이나 디자인을 내세우는 광고에 현혹되지만 골프를 배우는 전체적인 과정을 생각하면 드라이버의 디자인이나 타구 음은 골프를 잘 할 수 있는 주요 요소가 아니다. 투어프로들은 티샷을 가장 멀리 칠 수 있는 실질적인 장점을 가지고 있다. 왜냐하면 그들은 150야드 이내에서 숏 게임이나 웨지샷을 할 때 홀에 가깝게 칠 수 있기 때문이다. 하지만 당신에겐 다른 이야기이다. 당신은 드라이버샷 비거리가 짧을지라도 티샷을 페어웨이에 보내는 것이 유리하다.

지금부터 드라이버샷을 더 멀리 치는 방법에 대한 조언과 함께 아마추어가 알아야 할 가장 필요한 드라이버샷의 비결에 대해서 말하겠다. 이제부터 드라이버샷에 관한 한 최고의 노하우를 가진 교습가의 말을 전한다.

▶▶▶ 다음 페이지
로리 맥길로이의 드라이버 연속 동작

14

골퍼가 한 라운드에서 드라이버를 사용할 수 있는 최대 횟수는 14번이다. 하지만 드라이버는 아직도 가장 많이 연습하는 클럽이기도 하다.

- 아마추어들은 드라이버 비거리가 평균 190~2000야드이고, 투어프로들은 250~270야드이다.
- 스윙 스피드를 시속 1마일 더 높이면 비거리가 2.3m 늘어난다.
- 그린까지 150야드 지점의 깊은 러프에서 핸디캡이 10인 골퍼는 평균 0.4타를 잃지만, 같은 거리의 얕은 러프에서는 0.15타를 잃는다.

07 드라이버 이론과 실전 드라이버

연습 팁 PRACTICE TIPS

Practice

264

BASICS

그립은 자연스럽게 잡아라

— 잭 니클라우스

팔을 편안하게 늘어뜨린 채 서서 위에서 바라보자. 그리고 손을 그립에 놓고 변형을 하지 말고 그대로 잡아본다. 그렇게 잡으면 외부의 힘이 거의 가해지지 않는 중립 그립이 될 것이다. 왼손은 클럽이 손바닥을 대각선으로 가로지르듯이 잡고, 오른손은 손가락을 이용해서 잡는다.

나는 인터로킹 그립(왼손 검지와 오른손 새끼손가락이 교차하는 그립)을 잡는데, 그 이유는 두 손의 일체감을 갖는 데 도움이 되기 때문이다. 왼손에서 클럽을 잡는 악력이 가해지는 곳은 마지막 2개의 손가락과 왼손바닥 아래 두툼한 부분이고, 오른손은 엄지와 검지이다. 드라이버를 칠 때 그립을 부드럽게 유지해주는 것은 매우 중요하지만, 조절할 수 있는 한도 내에서 클럽을 확실하게 릴리스 할 수 있도록 악력을 일관되게 해야 한다.

BASICS

드라이버샷의
제 1 규칙: 볼의 위치
― 부치 하먼

대부분의 골퍼들은 드라이버샷을 할 때 볼을 너무 타깃 쪽에 놓기도 하고, 볼에서 너무 멀리 서서 어드레스를 하기도 한다. 이렇게 하면 볼을 강하게 칠 수 있는 셋업의 느낌이 들지는 모르지만 실제로 동작을 할 때는 나쁜 영향을 미친다.

볼의 위치가 너무 앞쪽에 있으면 어깨가 오픈되므로 아웃 투 인 스윙이 되어 슬라이스를 유발하게 된다. 또한 볼에서 너무 멀리 떨어져서 스탠스를 취하면 상체가 볼 쪽으로 쏠리게 되어 임팩트를 할 때 상체를 다시 드는 보정 동작을 해야 하고, 이것은 슬라이스를 유발시키는 또 하나의 원인이 된다.

그럼 올바른 볼의 위치에 대해 소개하겠다. 셔츠 왼쪽 가슴에 있는 로고와 같은 선상에 티를 꽂든지 아니면 왼발 뒤꿈치 바로 안쪽에 볼을 놓는다. 볼과 스탠스와의 적절한 거리는 어드레스 때 그립의 끝이 몸에서 약 15cm 정도 떨어지도록 선다.

셋업이 올바른지 점검하기 위해서는 오른손을 그립에서 떼어 오른쪽으로 30cm 정도 옮겨보자. 그리고 다시 클럽을 잡을 때 그 손을 억지로 앞으로 더 뻗어서 잡아야 하는 느낌이 안 들고 자연스럽게 제자리로 되돌아온다면 올바른 셋업인 것이다.

볼의 위치를 올바르게 놓는 것은 운동 능력과는 상관이 없고 단지 기억하고 점검하면 된다. 볼의 위치를 올바르게 놓기만 해도 당신의 드라이버샷은 금방 향상될 것이다.

BASICS

힘차게 치기 위해서는 볼 뒤에 셋업을 하라

– 데이브 필립스

많은 아마추어들은 드라이버샷을 할 때 스윙을 너무 가파르게 해서 임팩트 때 하향타격으로 내려치기 때문에 볼이 공중으로 솟아오르는 경우가 많다.

만일 당신도 장타자들처럼 볼을 쓸어 치기 원한다면 볼을 왼발보다 더 바깥쪽에 놓고, 클럽헤드를 20~25cm 정도 오른쪽으로 놓은 채 셋업을 해야 한다. 볼을 더 왼쪽에 놓으면 다운스윙에서 클럽헤드가 완만한 곡선 궤도를 이루게 되며, 몸이 볼의 뒤쪽에 유지된 채 스윙을 하게 하여 클럽헤드가 임팩트에 도달할 때 위로 향하는 상향타격을 하는 데 도움을 준다.

BASICS

백스윙 때 어깨회전을 최대한 많이 하라
– 스튜어트 싱크

대부분의 아마추어들은 백스윙 시 어깨회전을 최대한 크게 하여 백스윙 톱에서 상체가 볼의 뒤에 머물게 하면 큰 혜택을 볼 수 있다. 이렇게 하면 타이밍이 더 좋아지고 티샷을 더 멀리 보낼 수 있다는 장점이 있다.

내가 같이 플레이했던 아마추어들은 대부분 타이밍에 대한 문제가 많았고, 특히 백스윙에서 다운스윙으로 전환되는 순간에서 흐트러짐이 심했다. 그들은 대부분 백스윙이 완성되기도 전에 다운스윙을 시작하는 경향이 심하다.

나는 골퍼들이 라운드 도중에 백스윙의 회전반경을 갑자기 늘릴 수 없다는 걸 알지만, 백스윙 때 어깨회전을 충분히 하면 다운스윙을 훨씬 더 잘 할 수 있다는 것을 분명히 말하고 싶다. 내가 조언을 한다면 백스윙을 할 때 왼쪽 어깨가 오른발 위까지 올 수 있도록 충분히 돌려주면서 백스윙 톱까지 진행하라는 것이다.

BASICS

백스윙 톱까지 올바르게 스윙하는 방법
— 리키 파울러

나는 백스윙 때 클럽을 천천히 드는 스타일이지만, 그렇다고 너무 천천히 하면 팔뚝에 힘이 들어가게 된다. 나는 백스윙 톱에서 체중의 70~80%를 오른쪽으로 옮긴다. 그리고 어깨회전을 많이 해서 머리가 볼 뒤에 확실히 위치하도록 한다.

그 다음 다운스윙 때는 그 지점에서 자동차 가속 페달을 밟는 것처럼 스윙한다. 이때는 과감하게 스윙을 해야 순간이다. 이때 머리가 볼보다 뒤쪽에 위치하는 정도가 타이밍의 관건인데, 이것은 매일매일 다르다. 내가 컨디션이 좋을 때는 머리가 더 뒤쪽에 있게 된다.

> **프로의 스윙**
> 오랜 시간 동안 팔로만 스윙을 연습해온 골퍼들은 몸 동작을 너무 제한하는 오류를 범하게 된다. 또한 훈련이 부족한 골퍼들은 팔의 느린 속도를 보완하기 위해서 몸을 과격하게 사용하기도 한다.
> 이러한 오류를 범하지 않기 위해서는 스윙을 하면서 몸의 회전과 풀림을 머릿속에 그리고, 몸통의 어떤 부분도 양발의 영역 밖으로 나가지 않도록 해야 한다. 다시 말하면 백스윙 때는 단지 손과 팔만 오른발 바깥쪽으로 나가게 하고, 다운스윙 때는 왼발을 기준으로 같은 개념으로 스윙해야 한다.
> **— 잭 니클라우스**

BASICS

다운스윙의 시작은 몸의 왼쪽 면으로 하라
– 릭 스미스

다운스윙을 시작할 때 어떻게 해야 가장 큰 힘을 발휘할 수 있는가에 대해서는 늘 논란이 있어 왔다. 많은 골퍼들은 다리를 밀고 나아가야 힘을 얻을 수 있다고 생각하는데, 만일 다리 동작이 너무 과하면 일관성 있는 타격이 어려워진다. 실제로 다리는 스윙을 하는 동안 지탱하는 역할을 해야 하고, 정작 중요한 것은 몸통의 왼쪽 면으로 다운스윙을 시작하는 것이다(오른손잡이 골퍼 기준). 특히 광배근이나 활배근을 이용해야 한다.

장타자들은 대개 어깨부터 엉덩이까지 이어진 강한 활배근을 가지고 있다. 그래서 백스윙 톱에서 왼쪽 활배근이 충분히 늘어난 상태에서 장타를 위해 필요한 폭발적인 클럽헤드 스피드를 만들 준비를 한다. 이러한 힘의 원천을 만들기 위해서는 백스윙을 충분히 해서 활배근이 강하게 꼬이는 것이 느껴져야 한다. 그 다음 다운스윙 때는 그 근육을 풀어주면서 상체를 타깃 쪽으로 잡아당기는 느낌으로 해야 한다.

프로의 스윙

첫 티샷 불안감을 극복하는 방법
– 에디 메린스

첫 티샷에서의 불안감은 골퍼들에게는 늘 큰 문제이다. 항상 그래 왔듯이 앞으로도 그럴 것이다. 물론 약간의 긴장감은 도움이 될 수도 있겠지만, 지나치면 제대로 된 플레이를 할 수 없다.

티 박스에서 긴장감을 진정시킬 수 있는 가장 좋은 방법은 티샷을 기다리는 동안 볼을 손에서 공중으로 약 5~10cm 정도 높이로 던졌다가 다시 받는 동작을 반복하는 것이다. 이 동작은 실제로 긴장 해소를 위한 놀랄만한 자기최면이다. 자기최면은 긴장을 상당히 완화시키는데, 볼을 위로 던지고 받는 동작은 자기최면에 걸리게 만들고 마음을 진정시키는 효과가 있다.

이 동작을 잘하게 되면 티샷 차례가 됐을 때 잠재의식 속에서 볼을 페어웨이로 칠 수 있다는 자신감을 불어넣어 주게 된다.

BASICS

한 동작으로 스윙하라
— 라이언 무어

골프스윙은 많은 동작의 집합이 아니라 역동적인 한 동작이어야 한다. 스윙이 꼭 멋있게 보일 필요는 없지만 반드시 매끄럽게 흘러가듯 이루어져야 한다. 특히 볼을 칠 때는 무언가를 뒤에 남겨 놓는 것 같은 느낌이 들면 안 된다.

따라서 역동적이고 적극적으로 스윙하라. 하체는 강하게 타깃 쪽으로 돌아야 하며, 팔과 손은 마치 볼을 향해 잡아당겨지는 것처럼 해야 한다. 클럽의 움직임에 저항하거나 조종하려 하지 말고 그냥 그대로 나아가게 하라.

폭발적인 스윙을 위한 연습 드릴

볼이 가득 담긴 무거운 가방을 들고 일반적인 어드레스를 취한 다음 타깃 방향 1.5m 전방으로 힘껏 던져보아라. 그리고 당신이 이 동작을 어떻게 실행했는지 점검해보라. 가방을 뒤로 스윙할 때는 체중을 양발 안에서 양쪽으로 균등하게 두고 오른발로 버티면서 상체, 즉 손, 팔, 어깨, 그리고 몸통을 함께 회전시킨다. 그리고 머리는 척추를 따라 조금 우측으로 움직인다. 그 가방이 오른쪽 허리 높이까지 왔다가 다시 내려가려는 위치에 다다르면 체중은 오른발 안쪽으로 이동하게 된다. 이 지점에서 오른쪽 다리로 지면을 차고 밀어서 체중을 반대로 전환시키게 된다.

이렇게 무거운 가방을 던져 보면 자연스러운 리듬과 던지는 전체 연결동작 안에서의 근육의 사용 등을 알 수 있게 된다. 이것은 볼을 폭발력 있게 치는 모든 골퍼들의 스윙에서 볼 수 있는 세밀한 동작이다.

– 지미 발라드

BASICS

스윙할 때 균형을 잡아라
– 존 홈스

골프스윙에서 파워는 균형에서 나온다. 만일 당신이 균형을 잃는다면 그 스윙에서는 많은 파워를 얻을 수가 없다. 나는 안정된 토대를 위해 스탠스를 넓게 선다. 또한 어드레스 때 약간 오픈 스탠스를 취하는데, 그 이유는 다운스윙에서 볼을 칠 때 엉덩이를 회전시키는 데 도움이 되기 때문이다. 오픈 스탠스를 취하면 훅에 대한 걱정을 할 필요 없이 그대로 스윙할 수 있다.

하지만 아마추어 골퍼들은 균형을 유지하는 것과 체중이동을 하는 데 노력해야 한다. 자신의 힘을 최대한 사용하기 위하여 팔 동작과 함께 체중을 이동해야 하고, 스윙을 할 때 모든 동작이 동시에 진행되어야 한다. 백스윙을 할 때는 체중을 볼 뒤쪽에 싣고 다운스윙 때는 왼쪽으로 옮겨야 하며 머리는 볼 뒤쪽에 유지해야 한다. 장타를 치는 모든 골퍼들은 임팩트 순간에 머리가 볼보다 뒤에 위치한다.

BASICS

힘이 실린 스윙을 하기 위해서는 빗자루로 스윙하라
— 랜디 스미스

만일 내가 당신에게 대 빗자루를 건네주고 바닥에 쌓인 톱밥을 쓸어내라고 한다면, 오른 팔꿈치를 바깥쪽으로 향하게 해서 빗자루의 머리로 톱밥을 쓸어낼까? 아마 그렇게 하지는 않을 것이다.

빗자루를 골프클럽 스윙하듯이 해보라. 당신은 본능적으로 백스윙 톱에서 빗자루의 무게를 지탱하고, 다운스윙에서는 빗자루의 머리가 손보다 뒤따라오게 할 것이며, 피니시 때는 균형을 유지하려고 노력할 것이다.

하지만 볼을 실제로 놓고 클럽을 스윙하게 되면 갑자기 볼을 공중에 띄우려는 충동이 일어나는데, 이것이 많은 플레이어들이 실제로 파워를 잃어버리는 원인이 된다.

ADVANCED

백스윙 톱에서 한 박자 멈춰라
— 션 폴리

내가 가르쳤던 두 명의 선수, 저스틴 로즈와 타이거 우즈는 가끔 백스윙에서 다운스윙으로 변하는 전환동작을 매끄럽게 하기보다는 격렬하게 하는 경우가 있다. 그들의 목적은 다운스윙의 속도를 점점 더 빠르게 해서 최저점을 이룰 때 가장 빠른 속도를 내는 데 있다. 그러나 전환동작이 너무 격렬하게 이루어지면 임팩트 때 클럽페이스를 직각으로 만들기 어렵다.

많은 아마추어 골퍼들도 올바르지 못한 전환동작 때문에 어려움을 겪고 있다. 그것은 대부분 백스윙을 너무 빨리 하다가 백스윙 톱까지 완성하지 못하고 다운스윙을 시작해 버리는 것이다. 만일 당신이 이런 문제점을 가지고 있다면, 내가 저스틴이나 타이거에게 사용했던 시간을 점검하는 간단한 방법이 도움이 될 것이다. 그것은 바로 백스윙을 시작해서 백스윙 톱에 다다르면 다운스윙을 하기 전에 1초 동안 멈추는 방법이다.

이 방법을 제시하는 이유는 백스윙 톱에서 전환동작이 너무 빠를 경우 이 연습법이 매우 생소하게 느껴지고, 익숙해질 때까지는 다소 시간이 걸릴 것이기 때문이다. 하지만 백스윙 톱에서 멈출 수 있게 된다면 당신이 원하는 만큼 다운스윙을 강하게 할 수 있게 되고 볼은 클럽페이스를 떠나 총알처럼 날아갈 것이다.

프로의 스윙
어깨회전은 기울어진 스윙 플레인 위에서 일어나므로 백스윙을 할 때 왼쪽 어깨가 아래로 약간 떨어지면서 돌아야 한다. 만일 당신이 올바로 숙인 채 어깨를 돌린다면 왼쪽 어깨가 백스윙 톱에서 볼을 향하고 있어야 한다. 이러한 올바른 백스윙 회전이 클럽페이스가 직각이 된 상태로 볼을 힘있게 칠 수 있게 한다.

많은 아마추어 골퍼들, 특히 과거에 야구를 했던 사람들은 어깨를 너무 수평으로 회전시키는 경향이 있다. 어깨를 수평으로 회전시키면 스윙이 너무 완만하게 이루어지고, 임팩트 때 클럽페이스를 직각으로 해서 정타를 치는 확률이 낮아진다.

— 아놀드 파머

ADVANCED

거리를 더 내려거든 아크를 더 크게 하라
– 데이비드 리드베터

큰 스윙 아크를 만들어내고 유지하는 것은 티샷을 더 멀리 똑바로 보내는 데 도움이 된다. 간단하게 말해서 넓은 스윙 아크는 좁은 아크보다 더 멀리 치는 데 도움이 되며, 클럽헤드의 속도를 최대한으로 높일 수 있게 한다.

스윙을 할 때 아크를 더 크게 만들기 위해서는 사진과 같은 근육 단련 운동을 시도해보라. 먼저 어드레스 자세를 취하고 사진과 같이 수건의 두 부분을 30cm 정도 간격을 두고 느슨하게 잡는다. 그 다음 가능한 한 수건을 힘껏 양쪽으로 잡아당겨서 그 상태를 유지하고 백스윙과 다운스윙을 시도해본다. 여기서 오른팔과 왼팔이 수건을 각자 반대 방향으로 잡아당기기 위해서 팔의 길이를 얼마나 유지하려고 하는지 주시해야 한다. 이것이 당신이 실제로 스윙을 할 때 느껴야 할 스윙 아크의 크기이다.

연습장에서 수건을 가지고 하는 연습과 실제 스윙을 번갈아가면서 시도해서 더 큰 스윙 아크를 만드는 느낌에 익숙해질 때까지 연습해야 한다. 라운드 중에는 기다리는 시간에 이 감각을 끌어낼 수 있도록 수건을 가지고 연습하면 좋다.

스윙 아크를 크게 하는 느낌을 한 번 익혀 놓으면 임팩트 때 클럽헤드 속도를 더 증가시킬 수 있고 티샷을 더 멀리 보낼 수 있다.

ADVANCED

템포 향상을 위해
헤드커버를 사용하라
– 마틴 레어드

내가 드라이버를 잘못 치는 경우는 대부분 테이크 어웨이를 너무 빨리 하기 때문이다. 백스윙을 할 때 클럽헤드를 빨리 움직이면 안쪽으로 잡아당기게 되고, 그러면 다운스윙에서는 클럽이 올바르게 내려오도록 길을 다시 만들어야 한다.

연습을 할 때 클럽헤드에 무게를 더해주면(사진과 같이 헤드커버를 씌우거나 헤드에 수건을 감는다.) 백스윙 초기 동작을 더 신중하고 천천히 하게 된다. 이 방법은 손을 이용하는 것보다 팔과 어깨가 같이 움직여서 한 동작으로 테이크 어웨이를 하는 데 도움이 된다.

헤드커버를 씌운 채 테이크 어웨이를 15~20번 정도 천천히 연습해보라. 그리고 연습이 끝나면 헤드커버를 벗기고 스윙을 해봐라. 아마 드라이버가 더 올바른 궤도를 따라 매끄럽게 움직일 것이다. 또한 클럽이 가볍게 느껴져서 다운스윙 때 더 빨리 휘두를 수 있다는 장점도 있다. 나는 강한 힘을 주어 클럽헤드로 볼을 세게 치기보다는, 힘을 뺀 채 편안하게 꼬인 몸을 풀면서 매끄럽게 칠 때 가장 멀리 보낼 수 있다.

ADVANCED

강한 임팩트를 만드는 방법
— 스튜어트 애플비

당신이 정말 볼을 강타하고 싶다면 볼 뒤에서 모든 체중을 실어서 쳐야 한다. 이것이 바로 볼을 멀리 치는 비결이다.

임팩트 때까지 체중을 볼 뒤에 유지하려면 볼을 턱 아래쪽에 놓지 말고 왼쪽 겨드랑이선 하단에 놓아야 한다(사진 참조). 그리고 다운스윙의 최저점이 그 지점에서 이루어지도록 한다. 마치 시계로 이미지를 그려보면 긴팔이 6시를 가리키고 있다고 생각하라. 그리고 다운스윙을 할 때 몸은 6시를 가리키는 긴팔보다 뒤에 머물러 있어야 한다.

ADVANCED

드라이버를
똑바로 치는 방법

— 아니카 소렌스탐

대부분의 골퍼들은 드라이버를 칠 때 임팩트 순간 클럽페이스가 열리기 때문에 오른쪽으로 미스 샷을 한다. 나도 지난 여름 이와 같은 문제점을 보완하기 위해 그립을 시계 방향으로 더 돌려서 잡는 스트롱 그립으로 교정을 했다. 이 그립은 왼손바닥의 엄지 아래 두툼한 부분으로 그립의 위를 감싸는 느낌을 갖는 것이 중요하다.

그립 교정 외에도 스탠스를 더 넓게 바꾸는 방법도 함께 진행했다. 더 넓어진 스탠스는 더 안정된 기초를 만들어 주었고, 엉덩이를 양 방향으로 과다하게 움직이지 않도록 해주었다. 만일 백스윙 때 엉덩이가 오른쪽으로 밀리게 되면 상체는 타깃 쪽으로 기울어지게 된다. 그런 상태로 다운스윙을 하면 몸은 다시 이와 반대로 진행되어 아웃 투 인 궤도를 형성하게 되고, 결국 슬라이스를 내게 된다. 그러므로 스탠스를 더 넓게 하는 것이 좋다.

나는 임팩트 때 클럽페이스를 직각으로 치기 위해서 사진과 같은 연습방법을 이용한다. 왼손을 앞으로 내밀어 고정시킨 다음 오른손으로만 백스윙을 해서 왼손을 향해 내려친다. 이때 양손이 몸의 한 가운데에서 마주쳐야 한다. 만일 양손이 마주칠 때 어깨가 열린다면 양손이 더 앞쪽(타깃에 가까운 쪽)에서 마주치게 되고, 이것은 슬라이스를 유발하게 된다. 따라서 임팩트 때 어깨가 정면을 향하도록 하고, 그 느낌이 확실해질 때까지 노력하라.

드라이버샷 통계

드라이버샷 정확도 관측
— 피터 샌더스

드라이버로 친 볼이 페어웨이를 살짝 벗어나 짧은 러프에 들어간 경우와 나뭇가지 아래 뿌리 사이에 엉킨 질긴 잔디에 들어간 경우 중 어떤 상황이 더 좋은 경우일까? 대답은 당연히 짧은 러프가 되겠지만 투어프로들의 경기에서 사용하는 통계 기록, 즉 드라이버 정확도 면에서는 이 두 경우가 같게 기록된다. 드라이버 정확도는 단순히 전체 드라이버샷 중에서 페어웨이 안에 착시킨 횟수를 계산하는 기록이다. 이러한 오래된 방식의 통계 기록이 아직까지 투어에서 그대로 사용되고 있기 때문에 아마추어 골퍼들도 같은 방식으로 자신들의 드라이버 정확도를 가늠하고 있다. 하지만 나는 더 좋은 기록 시스템을 개발했다.

만일 당신이 드라이버샷을 좀 더 정확하게 평가하고 싶다면 페어웨이에 친 횟수는 잊어라. 당신이 알아야 할 숫자는 잘못 친 드라이버샷으로 인해 더 치게 되는 타수이다. 이 타수는 드라이버샷의 정확도를 가늠하는 데 사용한다. 따라서 숫자가 작을수록 좋다.

나는 잘못 친 드라이버샷의 결과를 내가 만든 공식에 적용시켜 통계를 산출했다. 매번 친 드라이버샷이 다음 샷에 미치는 영향의 경중에 따라 0에서 4까지의 점수를 매긴다. 몇 번의 라운드를 통해 이 방법을 적용해서 결과를 산출한 후 당신의 샷을 당신의 핸디캡 그룹(아래 표 참조)과 비교해보라. 드라이버를 잘 친 라운드는 당신의 핸디캡 그룹 평균보다 더 좋은 결과를 나타낼 것이다. 여기에서는 일반 남성 골퍼 죠(Joe)를 예로 들어 설명하겠다. 죠는 핸디캡이 18이고 최근에 필드에 나가 90타를 쳤다. 파3홀만 빼고 모든 홀에서 드라이버로 티샷을 했으며, 그의 스코어카드(아래 그림)에는 모든 드라이버샷에 차등별로 0~4까지 점수를 매겼다. 죠는 각 드라이버샷이 다음 샷에 미치는 영향을 고려하여 점수를 매기는데 신중했다(같은 러프에 들어갔어도 다른 골퍼가 죠보다 세컨샷 처리를 잘 하거나 못할 수 있기 때문에 매기는 점수가 다를 수 있다.). 죠의 드라이버샷은 페어웨이에 3개, 짧은 러프에 4개, 깊은 러프에 2개가 떨어졌다.

또한 그는 2번 옆으로 레이 업을 했으며, 워터 해저드에서 2번 드롭을 했고, 한번은 OB가 났다. 라운드가 끝나고 죠의 드라이버샷에 매긴 점수를 모두 합산했다. 그리고 그 숫자를 2로 나눴다(2로 나눈 이유는 소수점을 최소화하기 위해서이다.). 다음은 죠가 적용한 점수와 계산 방법, 그리고 드라이버샷의 실수로 인해 얼마나 많은 타수를 잃었는지 판단할 수 있는 방법을 소개한다.

❶ 점수를 매긴다
파3홀을 제외한 모든 홀의 드라이버샷 결과에 따라 0에서 4까지 점수를 매긴다.

❷ 점수를 합산한다
각 드라이버샷에 매긴 점수를 합산한다. 죠의 합산은 16이다.

❸ 2로 나눈다
죠의 드라이버의샷 합산이 16이므로 2로 나누면 8이 된다. 이 숫자는 죠가 드라이버샷을 잘못해서 손해를 본 타수이다.

❹ 도표와 비교한다
죠는 오른쪽 표를 이용해서 자신과 같은 핸디캡 18인 골퍼들의 평균 수치와 자신을 비교할 수 있다. 핸디캡 18인 골퍼들은 드라이버를 잘못 쳐서 평균 7타를 잃어버리는 반면 죠는 8타를 잃어버리므로 죠의 드라이버샷 정확도는 평균 이하이다.

홀	1	2	3	4	5	6	7	8	9	OUT
파	5	4	3	4	4	5	4	3	4	36
야드	503	365	160	328	374	603	359	164	381	3237
죠의 스코어	6	5	3	6	5	7	4	4	6	46
죠의 드라이버샷점수	1	FW	–	3	0	4	1	–	2	11

홀	10	11	12	13	14	15	16	17	18	IN
파	4	3	4	5	4	3	5	4	4	36
야드	337	176	399	534	364	140	519	347	398	3214
죠의 스코어	6	4	4	6	4	4	7	4	5	44
죠의 드라이버샷점수	FW	–	0	2	0	–	3	FW	0	5

당신의 핸디캡	잘못 친 드라이버 결과로 잃는 평균 타수	당신의 핸디캡	잘못 친 드라이버 결과로 잃는 평균 타수
+3	2	15	6.2
0	2.5	18	7
3	3.1	21	7.7
6	3.9	24	8.4
9	4.8	27	9
12	5.6	30	9.6

ADVANCED

정확도를 높이려면 코킹을 일찍 하라
― 이안 폴터

예나 지금이나 나는 드라이버샷을 타깃보다 오른쪽으로 치는 경향이 있다. 그것은 백스윙 톱에서 클럽이 너무 레이드 오프(백스윙 톱에서 클럽이 타깃의 왼쪽을 가리킴) 되기 때문에 일어나는 문제이다.

나는 지금까지 그러한 방식으로 스윙을 했기 때문에 샷의 정확도 면에서 많은 손해를 보았다고 생각한다. 그래서 백스윙 톱에서 샤프트가 타깃라인과 평행이 되게 하기 위해서 노력하고 있다.

백스윙 톱에서 올바른 모양을 만들기 위한 방법 중에 하나는 백스윙을 할 때 손목 코킹을 일찍 해주는 것이다. 나는 많은 골퍼들이 행하는 방법과 달리 클럽이 백스윙 톱에 가까이 다다를 때까지 기다리지 않고 백스윙을 시작하자마자 일찍 코킹을 시작한다. 코킹을 일찍 시작하여 백스윙 톱에 다다르면 샤프트가 적정한 방향을 향하는 좋은 느낌을 받게 된다. 이 방법으로 스윙을 하면 페어웨이에 안착시키는 것은 걱정하지 않아도 된다.

실전 전략 PLAYING STRATEGY

BASICS

자신의 강점을 이용해서 플레이하라

– 톰 왓슨

만약 당신이 스코틀랜드 뮤어필드에서 플레이를 하다가 벙커에 빠뜨린다면 1벌타를 받고 벙커 밖으로 드롭하는 것이 효과적이다. 벙커가 너무 가파르기 때문에 가능한 한 피하는 것이 좋고, 이 방법은 내가 1980년 브리티시 오픈에서 이용한 게임 전략이었다.

그 당시 나의 강점은 퍼팅이었고, 꼭 필요한 상황에서는 거의 성공시키는 편이었다. 따라서 나의 전략은 트러블은 피하면서 나의 강점인 퍼팅을 최대한 살려서 플레이하는 것이었고, 결국 리 트리비노를 4타차로 누르고 3번째 브리티시 오픈 우승컵을 들어 올렸다.

아래 사진과 같은 곳에서 플레이 할 때는 신체적인 면만큼 심리적인 면도 중요하기 때문에 일단 티샷부터 안전한 곳으로 에 임해야 한다. 오른편에 있는 큰 벙커는 보이는 것보다 더 멀리 있어서 넘기기에는 부담이 되므로 티샷을 아예 왼쪽으로 안전하게 치는 것이 현명하다.

플레이를 할 때 모든 드라이버샷이나 그린을 향한 샷을 할 때도 이렇게 신중하게 선택해야 하는 것을 기억하라. 트러블을 피해서 플레이하는 것이 타수를 많이 잃지 않는 열쇠이다.

이것이 내가 뮤어필드에서 플레이했을 때 사용한 전략이다. 그때는 내 생애에서 퍼팅이 가장 잘 됐기 때문에 나의 강점이었다. 그래서 티샷을 할 때나 그린으로 샷을 할 때 위험을 피하는 방어적인 플레이를 했고, 그린에 안전하게 올린 다음 가장 자신 있는 퍼팅으로 승부를 걸었다.

골프 룰

티잉 그라운드에서의 규칙
– 론 카스프리스크

티샷을 하기 전 5가지 규칙을 소개한다.

❶ 양쪽의 티 마커 사이에서는 어느 곳이든 티를 꽂을 수 있다. 하지만 티 마커 앞으로는 조금도 벗어날 수 없다. 또한 티 마커에서 뒤로 두 클럽 이내 사각형 안에서는 어느 곳이든 티를 꽂을 수 있다. 그 사각형을 머릿속에 그려 보아라.

❷ 볼을 치기 전에 티에서 볼이 떨어졌다면 벌타 없이 다시 티 위에 올려놓고 플레이하면 된다.

❸ 볼을 올려놓기 위한 티는 어떤 것이든지 사용할 수 있다. 심지어는 티를 꽂지 않고 땅에 놓아도 된다. 이때 지켜야 하는 요건은 그 높이가 4인치(10.16cm)를 넘지 않아야 하며, 볼의 움직임에 영향을 미치지 않아야 한다.

❹ 스트로크 플레이에서는 티샷의 순서가 바뀌어도 벌타를 부과받지는 않는다. 하지만 매치 플레이에서 순서를 바꿔 치면 상대방이 그 샷을 다시 칠 것을 요구할 권리가 있다.

❺ 볼이 1항에서 언급한 사각형 안에 있기만 하면 발이 그 구역을 벗어나도 문제가 되지 않는다.

ying **Strategy**

BASICS

좁은 페어웨이에서 드라이버를 치는 방법
– 프레드 펑크

페어웨이가 좁은 곳에서 어려운 티샷을 할 때는 자신이 치고자 하는 방향의 특정한 타깃, 즉 나무나 벙커 같은 것을 정하고 샷의 구질을 미리 머릿속에 그려 보아라. 몸은 본능적으로 시각적인 신호에 반응하게 되어 있다.

그리고 스윙이 느리거나 빠른 것에 너무 연연하지 말고 자연스러운 리듬을 잘 유지해야 한다. 백스윙 때는 클럽을 좀 더 길게 빼는 느낌을 갖고 좀 더 천천히 한다. 클럽페이스를 스퀘어로 만들기 위해서는 충분한 시간이 필요하므로 서두르지 마라.

마지막으로 어드레스 때 취해진 자세 안에서 스윙이 이루어져야 한다. 볼이 날아가는 것을 확인하기 위하여 헤드업을 하려는 충동이 일어날지도 모른다. 그러나 임팩트를 통과할 때까지 어드레스 자세와 같이 유지하면 클럽페이스 정중앙으로 볼을 칠 수 있는 확률이 높아진다.

프로의 스윙

이 방법은 다운스윙 때 클럽을 내리는 동작을 이해하고 올바른 느낌을 갖는 데 도움을 준다. 이것은 슬라이스를 내는 골퍼들의 스윙과 반대되는 동작으로 다운스윙 때 어깨를 왼쪽으로 돌리면서 팔과 클럽을 타깃라인 바깥쪽으로 던지는 동작이다. 첫 번째 동작으로는 백스윙 톱에서 코킹을 유지한 채 팔과 손목, 그리고 손을 그대로 수직으로 내려줘야 한다. 이 동작의 올바른 느낌을 갖기 위해서는 백스윙 톱에서 내려오면서 그립으로 땅에 말뚝을 박는다는 상상을 한다. 말뚝을 박는다는 상상은 하향타격의 감각을 살려줄 것이다. 이것은 다운스윙을 할 때 팔과 손목, 그리고 손의 올바른 조화를 이루게 하여 임팩트 때 클럽페이스가 원래 어드레스 때 에임했던 그 상태로 다시 돌아가게 해준다.

— 데이비스 러브 주니어

BASICS

페어웨이가 좁은 홀에서 드라이버를 칠 때는 침착하라

— 어니 엘스

코스에서 플레이를 하다 보면 골퍼마다 유난히 티샷하기에 좋아하는 홀이 있다. 그런 홀은 페어웨이가 넓거나 뒤바람이 불어 볼의 진행을 도와주기 때문에 볼을 힘껏 쳐서 멀리 보낼 수 있는 자신감도 생긴다. 하지만 너무 강하게 치려는 의식 때문에 팔과 손에 힘이 많이 들어가서 티샷을 망칠 수도 있으므로 너무 흥분해서는 안 된다. 이때는 다른 기술적인 문제보다도 그립을 지나치게 강하게 잡는 것과 몸에 힘이 많이 들어가는 것이 가장 큰 문제이다.

만약 그립을 너무 강하게 잡으면 모든 근육의 힘이 팔뚝을 올리고 내리는 데 쓰이고 어깨가 경직된다. 그립을 꽉 잡으면 매우 강한 스윙을 할 수 있을 것 같은 느낌이 들지만, 실제로는 근육이 경직되며 오히려 그립을 느슨하게 잡을 때 더 빠른 스윙 스피드를 낼 수 있다. 따라서 어드레스를 할 때 손의 힘을 빼고 팔에는 부드러운 느낌이 들도록 세심한 노력을 기울여라. 그리고 백스윙은 약간 짧게 하고 다운스윙 때는 마치 채찍을 휘두르듯이 클럽을 스윙하라.

이 경우에는 힘을 빼는 것이 분명히 더 속도를 낼 수 있다. 장타는 75%의 힘으로만 스윙하는 느낌을 가졌을 때 나오게 될 것이다.

티 높이에 따른 구질 변화

티를 높게 꽂아야 정확도가 높아진다
– 데이비드 리드베터

만약 드라이버샷이 휘어서 고민하고 있다면 티를 높게 꽂아서 볼을 똑바로 보낼 수 있다.

슬라이스를 내는 골퍼들은 너무 가파른 다운스윙으로 볼을 치기 때문에 백스핀과 사이드 스핀이 많이 걸리게 된다. 그리고 만약 그들의 구질이 공중으로 높게 뜨는 슬라이스라면 볼이 공중으로 솟구치는 것을 방지하기 위해서 본능적으로 티를 낮게 꽂는 경향이 있다. 하지만 이것은 단지 스윙을 가파르게 만들어서 볼을 더 띄우는 결과를 만들어 낼 뿐이다.

만일 슬라이스를 고치고 싶다면 스윙 궤도를 넓고 완만하게 만들어야 한다. 볼을 상향타격으로 올려서 친다는 느낌을 가져야 하며, 티를 더 높게 꽂아야 상향타격이 쉬워진다. 어드레스 때 볼이 최소한 클럽헤드 위로 절반 이상 올라올 수 있도록 티를 높게 꽂아라. 그래야 클럽이 더 안쪽에서 내려오며, 몸이 뒤에 머무르게 하여 볼을 쓸어 칠 수 있다.

반대로 훅 구질의 골퍼들은 다운스윙 때 클럽이 안쪽에서 너무 멀리 내려오고 몸이 뒤에서 늦게 따라오는 경향이 있다. 그런 상태에서 볼을 치면 손목을 써서 클럽을 돌려줘야만 하고 너무 심하게 하면 클럽페이스가 닫혀서 훅을 유발하게 된다. 이럴 경우에는 티를 더 낮게 꽂아서 다운스윙 때 클럽이 몸 앞쪽에서 진행되게 하고, 더 올바른 직선궤도를 이루면서 스윙할 수 있게 해야 한다.

ADVANCED

드로우샷은 티를 높게 꽂아라

— 짐 맥린

드로우샷을 더 잘 치기 위해서는 약간 클로즈드 스탠스를 취하고 티를 더 높게 꽂아야 한다. 그리고 그립을 조금 살살 잡아야 릴리스가 잘 되며, 클럽페이스를 닫을 수 있다. 백스윙 톱에서 서두르지 말고 클럽이 안쪽으로 떨어지도록 시간적인 여유를 가져라.

스윙의 모습은 임팩트를 지나는 동안 반드시 인 투 아웃이 되어야 한다. 임팩트 후에는 마치 테니스에서 손을 충분히 돌리면서 강한 포어핸드를 구사하는 것처럼 해야 한다.

ADVANCED

페이드샷은 티를 낮게 꽂아라
— 짐 맥린

페이드샷을 치기 위한 셋업을 할 때는 살짝 오픈 스탠스를 취하고, 그립을 세게 잡아서 임팩트 구간에서 릴리스를 억제시키고 클럽페이스가 약간 열린 채로 유지되게 해야 한다. 그리고 이미 셋업이 된 스탠스의 토우 라인을 따라 약간 아웃 투 인 궤도로 웨글을 해준다. 이때는 티를 낮게 꽂고 치는 것이 도움이 된다.

보통 스윙을 하되 임팩트 구간에서는 클럽헤드가 지면에 가깝게 진행되어야 하고, 왼손목은 돌아가거나 구부러지지 않고 평평해야 한다.

ADVANCED

왼쪽으로 휘는 도그렉 홀에서의 드라이버샷 요령
– 헌터 마한

왼쪽으로 휘어지는 도그렉 홀에서 코너를 따라 도는 드로우샷을 구사하기 위한 가장 쉬운 방법은 스윙 궤도를 바꿔주는 것이다.

백스윙을 할 때 클럽을 타깃라인보다 더 인사이드로 빼고 등이 타깃을 향할 때까지 어깨회전을 더 해준다. 이렇게 하면 타격 구간에서 인 투 아웃으로 다운스윙을 할 수 있는 공간이 만들어진다.

나의 경우에는 클럽을 타깃라인보다 바깥쪽(오른쪽)으로 보내는 느낌으로 스윙한다. 이것은 과장된 동작이지만 클럽은 실제로 타깃라인보다 바깥쪽으로 나가지는 않고 다만 느낌만 그럴 뿐이다.

ADVANCED

오른쪽으로 휘는 도그렉 홀에서의 드라이버샷 요령

– 루카스 글로버

나는 티샷을 할 때 대부분 나의 자연스러운 구질인 드로우샷을 구사한다. 하지만 페이드샷을 치고 싶을 때는 몇 가지만 조정하면 쉽게 구사할 수 있다.

먼저 어드레스 때 볼에 약간 가까이 선다. 이렇게 서면 다운스윙 때 보통 때처럼 타깃라인보다 클럽이 안쪽에서 내려오는 것을 억제할 수 있다. 스윙 궤도가 안쪽에서 내려올수록 왼쪽에서 오른쪽으로 커브를 그리는 구질을 만들기가 더 어려워지기 때문이다. 그 다음 볼이 처음에 출발해야 하는 방향으로 어깨와 엉덩이를 살짝 열어놓은 채 어드레스를 한다.

클럽페이스를 셋업하고 나서 임팩트 때 클럽페이스가 살짝 열린 상태가 되는 느낌이 들도록 스윙한다. 이때 드로우샷을 치는 것처럼 클럽헤드의 토우가 먼저 돌아가는 일이 없도록 해야 한다. 몸이 타깃을 향해 먼저 회전하고 팔과 클럽이 뒤따라오면서 회전을 최대한 억제하는 느낌을 가져야 한다.

볼을 칠 때는 가능한 한 강하게 하고 스윙을 끝까지 완성해야 한다. 그렇지 않으면 슬라이스 구질이 될 위험성이 있다. 그러므로 임팩트 후에는 스윙을 멈추지 말고 피니시까지 완성시켜야 한다.

프로의 스윙

어깨회전은 기울어진 스윙 플레인 위에서 일어나므로 백스윙을 할 때 왼쪽 어깨가 아래로 약간 떨어지면서 돌아야 한다. 만일 당신이 올바로 숙인 채 어깨를 돌린다면 왼쪽 어깨가 백스윙 톱에서 볼을 향하고 있어야 한다. 이러한 올바른 백스윙 회전이 클럽페이스가 직각이 된 상태로 볼을 힘있게 칠 수 있게 한다.

많은 아마추어 골퍼들, 특히 과거에 야구를 했던 사람들은 어깨를 너무 수평으로 회전시키는 경향이 있다. 어깨를 수평으로 회전시키면 스윙이 너무 완만하게 이루어지고, 임팩트 때 클럽페이스를 직각으로 해서 정타를 치는 확률이 낮아진다.

– 아놀드 파머

ADVANCED

페어웨이 한가운데로 치는 방법
— 부치 하먼

골퍼들은 자신이 친 볼이 오른쪽으로 날아가면 자동적으로 슬라이스라고 말한다. 하지만 가끔 오른쪽으로 날아가는 구질은 다운스윙 때 클럽이 너무 인사이드로 내려와 치는 블록샷(blocked shot)인 경우도 있다. 슬라이스는 스윙궤도가 아웃 투 인일 경우 발생하기 때문에 그것을 교정하기 위하여 노력하다 보면 블록샷이라는 최악의 샷이 발생하기도 한다.

슬라이스와 블록샷의 차이점은 다음과 같다. 슬라이스는 왼쪽으로 출발해서 오른쪽으로 커브를 그리면서 날아가지만, 블록샷은 처음부터 오른쪽으로 출발해서 계속 오른쪽으로 똑바로 날아가는 구질이다. 블록샷은 다운스윙 때 하체가 너무 타깃 쪽으로 밀릴 경우 발생한다. 다운스윙 시 클럽이 너무 뒤쪽으로 떨어지면 스윙이 과도하게 인사이드에서 이루어지게 된다. 그리고 스윙을 할 때 몸이 타깃 쪽으로 이동되는 동작이 심하고 회전은 충분히 일어나지 않을 때 블록샷이 된다.

다운스윙 때 몸을 충분히 회전시킬 수 있는 가장 좋은 방법은 스탠스를 약 30cm 정도로 좁히고 75%의 힘으로만 드라이버를 치는 것이다. 좁은 스탠스를 취하게 되면 넘어지기 전까지는 몸이 옆으로 밀려 나아가지 않는다. 이것은 또한 몸의 회전이 더 잘 되도록 하고 클럽이 올바른 궤도로 진행할 수 있게 하며, 클럽페이스가 직각이 될 수 있도록 팔이 잘 돌아가게 만들어준다. 이렇게 함으로써 블록샷을 극복할 수 있다.

ADVANCED

훅을 교정하는 방법
– 그래엄 맥도웰

나는 오랫동안 많은 오른손잡이 골퍼들과 마찬가지로 볼이 왼쪽으로 휘는 문제로 고생한 적이 있다.

이러한 훅 구질을 교정하기 위해서는 백스윙 때 클럽헤드가 90cm 정도 뒤로 갈 때까지는 넓게 그리고 손보다 바깥쪽으로 진행되어야 하며, 로프트가 충분히 확보된 상태가 되어야 한다. 이 동작을 잘못하게 되면 테이크 어웨이 때 클럽이 너무 인사이드로 진행되며 몸 안쪽으로 갇히게 된다. 이렇게 클럽이 너무 뒤쪽으로 들어가면 다운스윙 때 밖으로 내치는 방법밖에는 없다. 그렇게 되면 결과적으로 오른쪽에서 왼쪽으로 회전하는 스핀이 볼에 많이 걸리면서 심한 훅이 발생하게 된다.

강하면서 부드러운 회전을 위한 연습 드릴

손과 손목을 강화시키기 위한 효과적인 연습 방법은 각 손으로 신문지를 구기고 접어서 볼 모양으로 만드는 동작을 하는 것이다. 그리고 그렇게 강화된 힘을 잘 사용하기 위해서는 백스윙 때 어깨회전을 더 많이 해주어야 한다. 이 방법은 내가 장타 대회나 파5홀에서 2온을 시키기 위해 좀 더 멀리 쳐야 할 때 사용한다.

백스윙 턴을 더 증가시키기 위해서는 왼쪽 엉덩이와 어깨를 함께 돌려줘야 한다. 이 동작은 천천히 하는 것이 좋고, 손과 팔은 힘을 빼야 한다. 스윙을 너무 빨리 하면 힘이 들어가게 되며 유연성을 떨어뜨리는 결과를 초래한다. 테이크 어웨이를 할 때는 왼쪽 무릎을 안쪽으로 향하게 하여 다리 모양이 K자를 이루도록 해야 한다. 그리고 다운스윙의 시작은 반대로 오른쪽 무릎을 왼쪽으로 차고 들어가면서 하고, 이때 다리 모양은 백스윙 때와 반대 모양인 역 K자가 되어야 한다.

– 샘 스니드

ADVANCED

왼손등으로 클럽페이스를 조절하라

– 스티브 스트리커

내 티샷의 일관성이 좋아지기 시작한 것은 어드레스 때 왼손을 뉴트럴 그립, 즉 왼손등이 타깃을 향하게 잡는 중립 그립으로 바꾸고 나서부터이다. 이 말의 요점은 어드레스 때 왼손등의 모양이 실제로 볼을 칠 때와 같아야 한다는 것이다. 왼손등이 향하는 방향이 클럽페이스가 향하는 방향을 나타내기 때문에 클럽페이스를 조절하기 위해서는 볼을 칠 때 왼손을 간단히 조절해주면 된다. 그래서 나는 왼손이 임팩트 순간 마치 어드레스 때와 같은 위치로 다시 돌아오는 느낌을 갖기 위해 노력한다.

만일 당신이 위크 그립 또는 스트롱 그립을 선호한다면 어드레스 때 왼손등이 향하는 방향을 점검하고 임팩트 때도 같은 모습이 되도록 노력하라. 그러면 드라이버샷의 정확도가 많이 향상될 것이다.

ADVANCED

바람 부는 날에는 볼을 눌러 치는 느낌으로 샷을 하라

– 제리 켈리

겨울철 플레이에서는 바람이 중요한 변수로 작용한다. 그래서 이런 경우에는 바람을 이길 수 있는 티샷을 해야 한다.

맞바람이 불 때는 볼이 멀리 날아가지 않는다. 설상가상으로 바람이 불면 사이드 스핀이 심해져서 볼을 페어웨이에 안착시키기가 훨씬 어려워진다. 바람이 부는 상황에서는 부드러운 페이드샷이 심한 슬라이스로 바뀌고, 잘 조절된 드로우샷은 지독한 훅으로 바뀌게 된다. 그러므로 샷의 탄도를 낮추는 것이 무엇보다 중요하다.

나는 맞바람 속으로 샷을 할 때 일단 그립을 약간 짧게 잡는다. 그러면 탄도를 낮출 수 있고 스윙 컨트롤이 훨씬 좋아진다. 그 다음은 볼을 타격할 때 몸과 손을 볼보다 더 앞서 나갈 수 있도록 노력한다. 마치 나의 몸과 클럽이 위에서 볼을 눌러 치는 느낌으로 샷을 한다.

실제로 이 샷은 페어웨이 벙커에서 치는 샷과 흡사하다. 하체를 비교적 적게 움직이고, 임팩트 순간에는 몸이 마치 볼 위쪽에 머무르고 있는 것처럼 스윙해야 한다.

> **좋은 템포의 핵심**
>
> 좋은 템포를 유지하기 위해서는 몸의 힘을 빼고 편안한 상태가 되어야 한다. 그렇다고 백스윙을 너무 천천히 해서도 안 된다. 아마추어 골퍼들은 이 두 가지 사항만 기억해도 상당한 실력 향상을 가져올 수 있다. 만일 백스윙 때 클럽을 너무 천천히 움직이면 다운스윙도 천천히 이루어져서 스윙의 역동성을 잃어버리게 된다. 하지만 백스윙 톱에서 잠시 멈추는 것은 매우 좋다. 만일 백스윙 톱에서 너무 급하게 서두르면 클럽페이스의 조절 능력을 상실하게 된다.
>
> – 쟈니 밀러

ADVANCED

티샷을 10야드 더 멀리 치는 방법

– 더스틴 존슨

나는 티샷의 비거리를 더 멀리 치고 싶을 때는 파워 드로우샷을 구사한다. 이렇게 치면 볼이 멀리 날아가기도 하지만 백스핀이 적게 걸리기 때문에 땅에 떨어져도 런이 많이 발생하게 된다.

파워 드로우샷을 치기 위해서는 다운스윙 때 클럽이 타깃라인보다 안쪽에서 내려와야 하는 것이 필수적이다. 그러기 위해서는 클럽이 몸과 볼 사이로 잘 지나갈 수 있는 공간을 만들어줘야 한다. 이것이 파워 드로우샷을 구사하는 데 있어서 가장 중요한 개념이다. 이 샷을 잘 구사하기 위해서는 다운스윙에서 하체가 충분히 리드해주는 것이 필요하다. 만일 클럽이 인사이드로 내려와서 몸과 볼 사이에 충분한 공간이 생기게 되면 하체를 훨씬 쉽게 돌려줄 수 있다.

솔직히 말하면 실제로 플레이를 할 때 이런 요소들을 모두 생각하면서 치기란 쉽지 않다. 그러므로 나는 이 샷을 구사할 때 먼저 머릿속에 볼의 구질을 그려본 다음 내 몸이 실행할 수 있도록 한다. 여기에 한 가지만 더하자면 스윙을 너무 강하게 하면 리듬과 타이밍을 잃어버리게 된다는 것이다. 드로우 구질을 머릿속에 상상하고 볼을 스위트 스폿으로 견고하게 치는 데 초점을 맞추는 것이 훨씬 더 좋은 결과를 만든다.

피트니스 팁

비거리 증가를 위해
볼을 던지는 연습을 하라
― 마크 베르스테겐

스윙 스피드를 향상시키고 드라이버를 더 멀리 치기 위한 운동을 소개한다. 이 운동은 엉덩이와 몸통을 활성화시킴과 동시에 강화시킨다. 또한 꼬였던 몸이 임팩트 구간에서 역동적으로 풀리는 동작을 도와주며, 몸의 왼편을 견고하게 지탱해서 볼을 강하게 임팩트할 수 있는 데 효과적이다.

❶ 양손으로 볼을 잡고 벽 옆에서 어드레스 자세를 취한다.
❷ 엉덩이 회전에 따라 볼을 오른쪽 엉덩이 쪽으로 가져왔다가 다운스윙 때는 발로 차고 일어나면서 볼을 벽으로 던진다. 마치 드라이버로 백스윙을 했다가 휘두르는 것처럼 실시한다.
❸ 벽을 맞고 튀어나온 볼을 양손으로 다시 잡아 반대로 서서 반대쪽 엉덩이 쪽으로 가져간다. 이렇게 양쪽을 번갈아가며 반복한다.

08 골프 상식

THE NE

오거스타 내셔널 골프 클럽에서 열린 2011 마스터스 토너먼트에서 로리 맥길로이, 리키 파울러, 제이슨 데이가 7번 홀 그린을 향해 걸어가고 있다.

지금까지 최고의 골퍼들과 교습가들이 당신에게 그린에서부터 티잉 그라운드까지 플레이를 잘하기 위한 최고의 레슨을 제시해주었다. 이제는 그 다음 단계를 숙지하고 골프를 당신만의 특별한 스포츠로 만들기 위한 나머지 것들을 배워야 한다. 당신이 골프를 처음 접하는 사람이라면 골프에 관한 용어들을 듣거나 그 의미를 파악하는 것이 낯설게 느껴질 것이다. 하지만 조바심 낼 필요는 없다. 골프가 숙련된 플레이어들만 하는 두려운 게임처럼 보이지만 당신이 보고 느끼는 것과 꼭 알아야만 하는 것과는 실제로 다를 수 있다. 나머지는 배우면서 차차 알아가면 된다.

배우는 과정의 시간을 줄이기 위해서 우리는 전문가들에게 골프를 시작하는 데 공유할 수 있는 가장 중요한 정보가 무엇인지를 질문했다. 이 장에서는 골퍼로서의 태도에 대한 조언과 골프 코스를 올바르게 사용하는 방법을 기술하였다. 넓은 의미로는 골프에 임하는 태도를 포함해서 골프 룰과 에티켓, 그리고 장비 및 복장에 대해 이해할 수 있을 것이다. 이것을 요약된 학습 참고서라 생각하고 다음 라운드는 이것을 시험하기 위한 중요한 테스트라 여겨라. 이 장에 기술된 정보들은 보통 1년 정도는 걸려야 배울 수 있는 것인데, 당신에게는 더욱 빨리 숙지할 수 있는 지름길이 될 것이다. 아마도 당신이 이 책을 읽는 이유는 골프를 즐기기 위해서일 것이다. 이제부터 나오는 조언들이 당신에게 도움이 되기를 희망한다.

> **골프 격언**
> 인내란 영광의 순간이 올 때까지 자비로운 상태를 유지하는 것이다.
> – 세이무어 던

좋은 에티켓을 위한 10가지 룰
– 아놀드 파머

1. 늑장 플레이를 하지 마라
만일 그룹 중에서 당신이 계속 가장 늦게 플레이하는 사람이라면 다음 라운딩에는 초대받지 못할 수도 있다. 앞 조에서 플레이하는 그룹의 모습이 보일 때까지 모든 사람들이 속도를 내어 플레이하도록 부추겨줘야 한다. 그린에 다다를 때까지 준비된 골프를 하고, 티잉 그라운드나 그린 위에서 당신 차례가 되면 바로 플레이하고, 볼을 잃어버리면 5분 이상 찾지 마라.

2. 평정심을 유지하라
골프를 하다 보면 경기가 뜻대로 풀리지 않아 화가 나는 순간들이 있으나 그 감정을 남의 기분까지 상하게 표출해서는 안 된다. 클럽을 집어 던지거나 욕설을 하지 마라.

3. 다른 사람의 시간을 존중하라
여러 가지 이유를 대서 골프약속을 어기는 경우가 있다. 차고를 청소해야 된다든지 자동차 수리하는 날짜가 늦춰졌다든지 해서 골프약속을 어기는 사람들도 있다. 이것은 있을 수 없는 일이다. 당신의 시간도 중요하지만 다른 사람의 시간을 존중하라.

4. 플레이하고 난 흔적을 수리하라

나는 볼 마크를 수리할 수 있는 작은 주머니칼을 가지고 다닌다. 하지만 티나 두 개의 뾰족한 날이 달린 그린 수리기를 사용해도 좋다. 디봇을 수리할 때는 날아간 뗏장을 덮어주거나 카트에 달려있는 씨앗이 섞인 모래로 매워 주어라. 벙커에서는 샷을 한 후 고무래로 바닥을 평평하게 다듬어 주어야 한다.

5. 조용한 파트너가 되어라

상대방이 플레이 할 때 방해되지 않도록 서 있어야 할 위치와 소음을 내지 않아야 할 때를 알아야 한다. 상대방이 플레이 할 때는 건너편에 서 있거나 대각선 방향에 서 있어야 한다. 홀을 앞에서 지나가거나 볼 뒤쪽 플레이 선상에는 절대로 서 있으면 안 된다. 상대방이 샷을 하려고 할 때는 페어웨이를 마치 예배당 같이, 그린을 도서관 같이 생각하라.

6. 골프카트가 보이지 않게 하라

골프장에서 카트를 직접 운전하면서 플레이 할 때는 당신의 카트가 어디에 있었는지 흔적을 남기지 마라. 골프카트의 사용 목적은 볼이 있는 방향으로 가서 샷을 하고 바로 돌아오는 것인데, 카트의 바퀴자국이나 흔적이 생긴다는 것은 잔디를 상하게 할 뿐만 아니라 플레이어 자신은 그 사실도 모르고 있다는 것이다.

7. 항상 최상을 외모를 갖춰라

바비 존스와 월터 헤이건부터 시작해서 벤 호건과 샘 스니드를 거쳐 타이거 우즈와 필 미켈슨에 이르기까지 역대 최고의 플레이어들은 그들의 외모에 세심한 신경을 썼다. 당신의 외모는 사람으로서의 가치를 말해준다. 골프 코스에서 최상의 복장을 갖추면 그 골프장과 사람들에게 특별한 예우를 갖추는 인상을 주게 된다.

8. 다른 플레이어를 도와줘라

코스에서 플레이 할 때 남을 배려하는 마음이 있다면 상대방을 도와주는 일은 쉽다. 그 중 한 가지는 상대방의 볼이 빗나가 로스트 볼이 되었을 경우 같이 찾아주는 것이다. 또한 그린 주위에 빠트린 클럽이나 티잉 그라운드 위에 떨어뜨린 헤드커버 등을 주워서 주인에게 돌려 줘라.

9. 이동전화를 꺼둬라

나는 이동전화의 기능과 작동법은 잘 모르지만 골프 코스에서 당신이 지켜야 할 사항은 꼭 지켜야 한다고 생각한다. 그것은 상대방의 플레이가 방해받지 않도록 소음을 내지 않는 것이다. 만일 꼭 전화할 일이 생겼을 때는 동반 플레이어에게 방해되지 않도록 멀리 가서 하라.

10. 작은 것을 배워라

그린에서 깃대를 주의해서 내려놔라, 그린에서 떠날 때 당신의 스파이크 마크를 잘 눌러 다져라, 뒤 그룹의 플레이 속도가 빠르면 통과시켜줘라 등 내가 언급하지 않은 에티켓은 수백 가지가 넘는다. 이러한 모든 것들은 플레이를 진행하면서 자신의 날카로운 눈썰미나 배려하는 마음 등을 통하여 배울 수 있다. 골프란 상대방에게 베풀면 다시 돌아오게 되고, 자신이 실행하는 모든 에티켓에 대해 나중에 10배로 보상받게 되는 스포츠라는 것을 알아야 한다.

당신이 알아야 할 규칙들

– 론 카스프리스크(골프 다이제스트 룰 편집자)

1. 볼을 움직이지 마라

퍼팅 그린 외의 지역에서는 어떠한 일이 있어도 볼을 움직이게 하면 안 된다. 인공 장애물이나 수리지 또는 캐주얼워터(골프에서 경기자가 스탠스를 취하기 이전이나 이후, 코스 내에 일시적으로 생긴 물 웅덩이)로 인해 플레이가 방해될 경우 외에는 볼이 놓인 그대로 플레이해야 한다. 만일 볼을 건드리지 않고 그대로 플레이해야 되는지 잘 모를 경우에는 캐디나 경험이 많은 골퍼에게 질문하는 것이 좋다. 퍼팅 그린 위에서는 볼을 집어 올리기 전에 볼이 있는 곳에 반드시 동전이나 마커 등으로 표시를 해야 한다.

2. 자신의 볼로만 플레이하라

플레이 도중 당신 볼이 아닌 다른 볼을 찾게 되면 아마도 주울 수 있는 볼이라고 생각할 수도 있다. 하지만 절대로 그 볼을 주워가면 안 된다. 믿거나 말거나 많은 사람들이 원치 않는 엉뚱한 장소로 볼을 치는 경우가 있으므로, 그 볼은 다른 홀에서 플레이하는 골퍼의 볼일 수 있다.

3. 다른 홀에서 플레이해도 되는 경우가 있다

만일 당신이 샷을 한 볼이 다른 홀의 페어웨이에 안착했을 경우 그 지역의 경계가 하얀 선이나 말뚝으로 표시된 OB(out-of-bounds) 지역이 아니라면 그대로 플레이 할 수 있다. 단지 그 홀에서 플레이하고 있는 골퍼들을 방해하지 말기 바란다. 만일 그들이 당신에게 플레이 우선권을 주는 경우 외에는 그들의 플레이가 끝날 때까지 기다렸다가 샷을 해야 한다. 만일 볼이 OB 경계선을 넘어간 경우라면 1벌타를 받고 원래 샷을 했던 곳에 가서 다시 쳐야 한다.

4. 볼을 찾기 위해서는 5분만 사용하라

만일 당신이 친 볼이 수풀 안에 들어가 5분 안에 찾을 수 없다면 1벌타를 받고 원래 쳤던 곳에서 다시 쳐야 한다. 다시 칠 때는 볼을 그냥 놓지 않고 드롭을 해야 하는 경

우도 있다. 드롭을 할 때는 팔을 뻗어 어깨 높이에서 볼을 떨어뜨리고 그 자리에서 플레이하면 된다.

5. 골프 코스 안에서만 플레이하라

만일 당신의 볼이 하얀 선이나 말뚝으로 경계된 OB 지역으로 벗어났다면 1벌타를 받고 원래 샷을 했던 곳에서 다시 플레이해야 한다. 예를 들어 티샷이 OB 지역으로 벗어났다면 1벌타를 받고 티잉 그라운드에서 다시 3타째를 치게 된다. 만일 당신의 볼이 해저드(노랑 또는 빨간 선이나 말뚝으로 표시된)나 벙커 안으로 들어갔다면, 볼을 칠 때까지 클럽을 지면에 댈 수 없다. 볼을 치기 전에 클럽이 지면을 닿게 되면 1벌타를 받는다.

클럽에 관한 지식
— 마이크 스타추라(골프 다이제스트 골프장비 편집자)

1. 당신에게 필요한 것은 몇 가지 클럽뿐이다

골프백에 14개까지 클럽을 넣어가지고 다닐 수 있지만 골프를 처음 배울 때는 모든 클럽이 필요한 건 아니다. 그 대신 드라이버와 퍼터, 그리고 샌드웨지(클럽헤드의 바닥에 S자가 새겨져 있고 로프트가 54~56도인 클럽)로 시작하고, 6번, 8번 아이언과 피칭웨지, 그리고 페어웨이 우드나 18~21도 하이브리드 클럽 정도를 가지고 다니는 것이 좋다. 이 클럽들만 사용해도 실수를 줄일 수 있고 볼을 공중에 잘 띄울 수 있다.

신제품 티타늄 드라이버는 생각보다 비싸지 않으며, 대부분의 장비는 인터넷에서 저렴하게 구입할 수 있다. 또한 대형 골프숍 등에서도 할인된 가격으로 살 수 있다.

2. 추측하지 말고 구매 전에 테스트 해봐라

왕초보가 골프클럽을 구입한다면 대형 골프숍이나 골프 연습장 프로숍에 가서 6번 아이언 샤프트 강도 R과 S 둘 다 시험해봐라(대개 빠르고 과격한 스윙 스타일이라면 강도 S를 선택하는 것이 좋다.). 이 두 가지 샤프트 중 볼을 칠 때 더 쉽게 느껴지는 클럽이 있을 것이다. 이것이 당신이 선택해야 할 모든 클럽의 샤프트 강도이다. 차차 골프실력이 늘고 일관성 있는 볼을 칠 수 있게 된다면 그 때 클럽을 실력에 맞게 피팅을 해서 사용할 수 있다.

3. 로프트가 클수록 이점이 많다

과거에 타격 도구나 볼을 다루는 운동(야구, 테니스 등)에서 탁월한 소질을 발휘해본 경험이 없었다면 우드를 선택할 때는 로프트가 큰 클럽을 택하라. 왜냐하면 로프트가 클수록 볼을 쉽게 공중으로 띄울 수 있으며, 사이드 스핀을 줄여줌으로써 볼이 더 똑바로 나아가게 만든다. 드라이버의 로프트는 10도 이상을 선택하는 것이 좋으며, 페어웨이 우드는 17도 이상 되는 클럽을 선택하라.

4. 초보자를 위해 만든 클럽의 이점을 이용하라

어떤 종류의 클럽은 다른 종류보다 치기 쉽다. 그 중 한 예로 하이브리드 클럽은 3번, 4번, 5번 아이언보다 치기 쉽다. 또한 클럽헤드 밑바닥이 넓은 아이언은 뒤땅을 쳐도 땅에 박히는 문제를 완화해줄 수 있다. 그리고 클럽의 무게중심이 바닥 쪽에 있는 클

럽은 볼의 탄도를 높이는 데 도움이 된다. 일반적으로 실수 완화성이 더 좋은 아이언은 클럽의 소울(밑바닥 부분) 두께가 손가락 2개 정도의 너비와 같으면 좋다. 만일 클럽의 밑바닥이 손가락 1개의 너비보다 더 좁은 클럽은 당신이 더 숙련된 골퍼가 되었을 때 사용할 수 있다.

5. 당신에게 적합한 볼을 선택하라

한 라운드를 플레이하는 동안 잃어버리는 볼의 개수에 맞추어 볼을 구입하라. 처음 플레이를 하거나 6개 이상 볼을 잃어버린다면 가장 저렴한 볼을 구입하고, 만약 2가지 상품 사이에서 결정하기 어렵다면 퍼팅을 해보고 퍼터페이스에 터치되는 느낌이 좋은 볼을 선택하라. 만일 라운드 당 3~5개의 볼을 잃어버린다면 한 더즌 당 2만원~3만원 사이의 볼을 구입하라. 라운드 당 3개 이하를 잃는다면 그 이상 가격의 볼을 사용하라.

적절한 골프 복장을 갖춰라
– 마티 헤켈(골프 다이제스트 스타일 편집자)

어떻게 플레이 할 것인가를 배우는 것이 골퍼에게 가장 중요한 부분이 되겠지만, 골프 복장을 어떻게 갖춰야 할지 아는 것을 간과해서는 안 된다. 복장을 잘 갖춰야 하는 데는 다양한 이유가 있다. 대부분의 골프장에서는 복장 규정을 지켜야 하기 때문이고, 적어도 야외에서 4시간 이상을 보내야 하기 때문이며, 자신을 멋있게 보이기 위함이다. 이러한 요소들을 고려하여 골프 코스에서 갖춰야 할 올바른 복장에 대해서 5가지 조언을 준비했다.

1. 적절한 칼라가 있는 셔츠를 입어라

퍼블릭 코스를 포함한 대부분의 골프장에서는 남성에게는 칼라가 있는 셔츠 착용을 요구한다(대부분 여성에게는 칼라가 없는 탑을 입는 것을 허용한다.). 여기에는 두 가지 종류의 칼라가 있는 셔츠가 있는데, 면 소재로 만든 것과 기능성 천으로 만든 것이 있다. 만일 전통적으로 제작된 폴로셔츠 스타일에 편안함을 느낀다면 면으로 만든 셔츠를 택하라. 골프 코스가 너무 덥다면 기능성 천으로 만들어진 칼라가 있는 셔츠를 택하면 되는데, 이것은 나이키, 아디다스, 캘러웨이 등 유명 골프 브랜드에서 만든 옷으로 피부의 수분을 잘 흡수한다.

2. 카키바지가 무난하다

카키바지는 소재가 다루기 편하고 통풍성이 뛰어나기 때문에 플레이하기에 가장 적합한 바지이다. 어느 골프장이나 카키바지를 허용하지 않는 곳은 한 군데도 없다. 물

론 카키바지 외에도 다양하게 선택할 수 있으나 반바지나 청바지는 입지 않는 것이 좋다. 골프 코스에서 청바지를 허락한다 할지라고 플레이하기에는 불편하다.

3. 다양한 기후에 대한 준비를 하라
모든 것이 다 만족스럽다 할지라도 라운드를 하는 내내 나무그늘 아래서 플레이하지는 않으므로 햇빛을 가려주는 것이 중요하다. 모자를 준비해야 하며 UVA(장파장 자외선)와 UVB(중파장 자외선)를 차단하는 기능이 있고, 눈 주위를 완전히 감쌀 수 있는 선글라스를 구입해야 한다. 골프는 다양한 기후 조건 아래서 플레이하는 운동이기 때문에 비가 올 때 입을 수 있는 방수 재킷이 필요하며, 그립이 젖지 않도록 하기 위해 마른 수건을 가지고 다녀야 한다.

4. 초보자에겐 골프화보다 운동화가 좋다
골프에 익숙해지기 전까지는 골프화 구입을 보류하라. 초보자 때는 코스에서 그냥 운동화를 신어도 상관없다. 될 수 있으면 지면과 같은 높이에 서서 플레이하는 것이 좋기 때문에 신발 뒤꿈치 아래에 두꺼운 쿠션이 있는 런닝화는 피하는 것이 좋다.

5. 자외선 차단 크림을 발라줘라
썬 블록 크림은 모든 골퍼에게 필수품이다. 라운드 시작 30분 전에 바르는 것이 좋고 2시간 정도 지나면 효과가 떨어지기 때문에 다시 발라줘야 한다. 썬 블록 크림을 살 때는 적어도 SPF(자외선 차단지수) 30 이상을 선택하는 것이 좋다. 라운드 도중에는 손의 미끄러짐을 방지하거나 스프레이형 썬 블록 제품을 사용하는 것이 좋고, 자외선 차단용 립밤을 바르는 것도 잊지 마라.

골프 코스에 나갈 준비가 되었을 때
— 피트 핀치, 매트 지넬라(골프 다이제스트 선임 편집자)

당신은 클럽도 준비했고 골프에 대한 기초적인 룰과 에티켓을 배웠으므로 이제는 실제로 코스에 나가서 플레이를 하고 싶어 할 것이다. 하지만 처음부터 프로선수들이 플레이하는 정규 코스에서 시작하는 것은 바람직하지 않다. 만일 당신이 미리 골프 코스에서의 실전 경험을 중요하게 생각한다면, 당신의 수준에서 해야 할 사항을 인지하고 발전시켜 나가기 바란다. 이제 다음과 같은 사항을 명심하기 바란다.

1. 작은 것부터 시작하라
골프는 그린까지 도달할 때까지 많은 타수를 기록할 만큼 매우 어려운 운동이다. 처음에는 정규 18홀 코스보다는 파3 코스나 단축 코스부터 시작하는 것이 좋다. 파3 코스는 모든 홀의 길이가 대게 200야드 이하이고, 단축 코스는 파3, 파4, 파5홀들이 섞여 있지만 정규 코스보다는 짧다. 당분간은 이러한 곳에서 경험을 쌓고 나중에 정규 코스에 도전하라.

2. 세 홀만 플레이하라

어떤 면에서 골프는 인내심이 필요하고 18홀을 충분히 플레이 할 수 있는 자신의 능력을 만들어야 하는 운동이다. 늦은 오후에 9홀 코스에 가서 3홀만 플레이하는 것을 고려해 보아라. 그 때는 골프장이 비교적 한가하고 비용도 더 저렴하기 때문이다. 만약 골프장에서 9홀 플레이 비용을 모두 요구하면 마음껏 플레이하라.

3. 당신에게 맞는 코스를 선택하라

당신이 뉴욕 롱 아일랜드에 있는 베스페이지 블랙 코스같이 길고 어렵기로 유명한 골프장 같은 곳에서 첫 라운드를 시작한다면 첫 번째 그린에 도달하기도 전에 낙담하게 될 것이다. 초보자를 위한 좋은 코스란 페어웨이가 평평하고 짧으며 넘겨야 할 장애물이나 해저드가 많지 않은 곳이다. 어렵게 조성된 코스에서의 플레이는 시간이 오래 걸릴 뿐만 아니라 좌절감을 느끼기 쉬우므로 처음에는 쉬운 코스에서 플레이에 대한 긍정적인 마인드를 쌓아나가는 것이 좋다.

4. 프론트 티로 옮겨서 플레이하라

자존심을 버리고 짧게 설치된 티로 옮겨서 플레이하라. 코스 전장이 5,500야드(약 5,000m) 이하의 코스에서는 플레이 시간, 좌절감, 그리고 분실될 볼들을 줄여줄 뿐만 아니라 더 여유롭게 플레이 할 수 있다.

5. 속도를 맞춰라

대부분의 골프장에서는 18홀 플레이를 4시간 반 만에 마치기를 요구하는데, 당신은 그보다 더 빨리 끝낼 수 있다. 좋은 속도 흐름을 유지하기 위한 방법 중 한 가지는 홀 당 최대 타수를 정해놓고 플레이하는 것이다(홀 당 7타를 최대로 정하길 권한다.). 동반 플레이어들이 홀을 마치고 기다린다면 초보자인 경우에는 마지막 스트로크까지 다 마치지 않았어도 볼을 집어 들고 다음 홀로 이동해도 괜찮다.

워밍업의 목적: 볼을 견고하게 치기 위함
- 데이비드 리드베터

1970년대 후반에 열렸던 브리티시 PGA 챔피언십 대회의 연습 타석에서 나는 진 리틀러에게 플레이 전에 무엇을 연습하는지에 대해 질문을 했다. 그는 라운드 전 연습의 목적은 단지 클럽페이스 정중앙으로 볼을 치는 것이라고 대답했다. 그는 샷의 방향은 언제든지 교정할 수 있는 능력이 있었기 때문에 방향이 빗나가는 것은 개의치 않고 얼마나 견고하게 치는지가 관건이었다. 즉, 그가 우려했던 것은 볼을 클럽페이스 정중앙으로 견고하게 치지 못하는 것이었다.

그의 스윙 템포는 매끄럽기로 유명했는데, 그것은 아마도 볼을 강하게 치려는 마음을 잘 억제할 수 있었기 때문에 가능했을 것이다. 볼을 스위트 스폿으로 견고하게 치는 것에 집중하면 그날 플레이는 잘 될 것이다.

연습보다 실전 플레이를 많이 하라
- 쟈니 밀러

1961년, 나는 14살이 되자마자 아버지의 도움 없이 곧바로 샌프란시스코에 있는 올림픽클럽 골프장의 주니어 회원이 되었다. 나는 그 코스에서 매일 플레이하면서 아이언샷의 감을 익히게 되었다. 그 코스에서는 한 번도 평평하고 좋은 위치에서 샷을 해 본 적이 없는 것 같다. 예를 들어, 볼이 발보다 높은 위치에서 페이드샷을 쳐야 하는 곤란한 상황들을 자주 접하게 됐다. 이런 상황은 연습장에서는 겪을 수 없기 때문에 나는 항상 연습장에서 연습하는 것보다는 코스에서 실전 플레이를 더 많이 했다.

올림픽클럽에서 많은 실전 테크닉을 익히면서 전통적인 가르침과 반하는 경험도 했다. 예를 들어, 볼이 발보다 낮은 위치에 있고 옆 경사일 때는 모든 교습가들이 말하는 슬라이스가 나는 것이 아니라 왼쪽으로 많이 잡아당기는 구질이 발생하는 경향도 있다. 왜냐하면 낮은 곳에 있는 볼을 치기 위해 오른팔을 더 뻗어서 볼을 치다 보면 스윙 궤도가 아웃 투 인으로 엎어 치는 스윙이 되기 때문이다. 연습장에서만 잘 치는 닭장 프로가 되지 마라. 연습장에서 아이언을 환상적으로 잘 치는 사람들이 코스에서는 그렇지 못한 경우가 많다. 연습보다 실전 플레이를 많이 하기를 권한다.

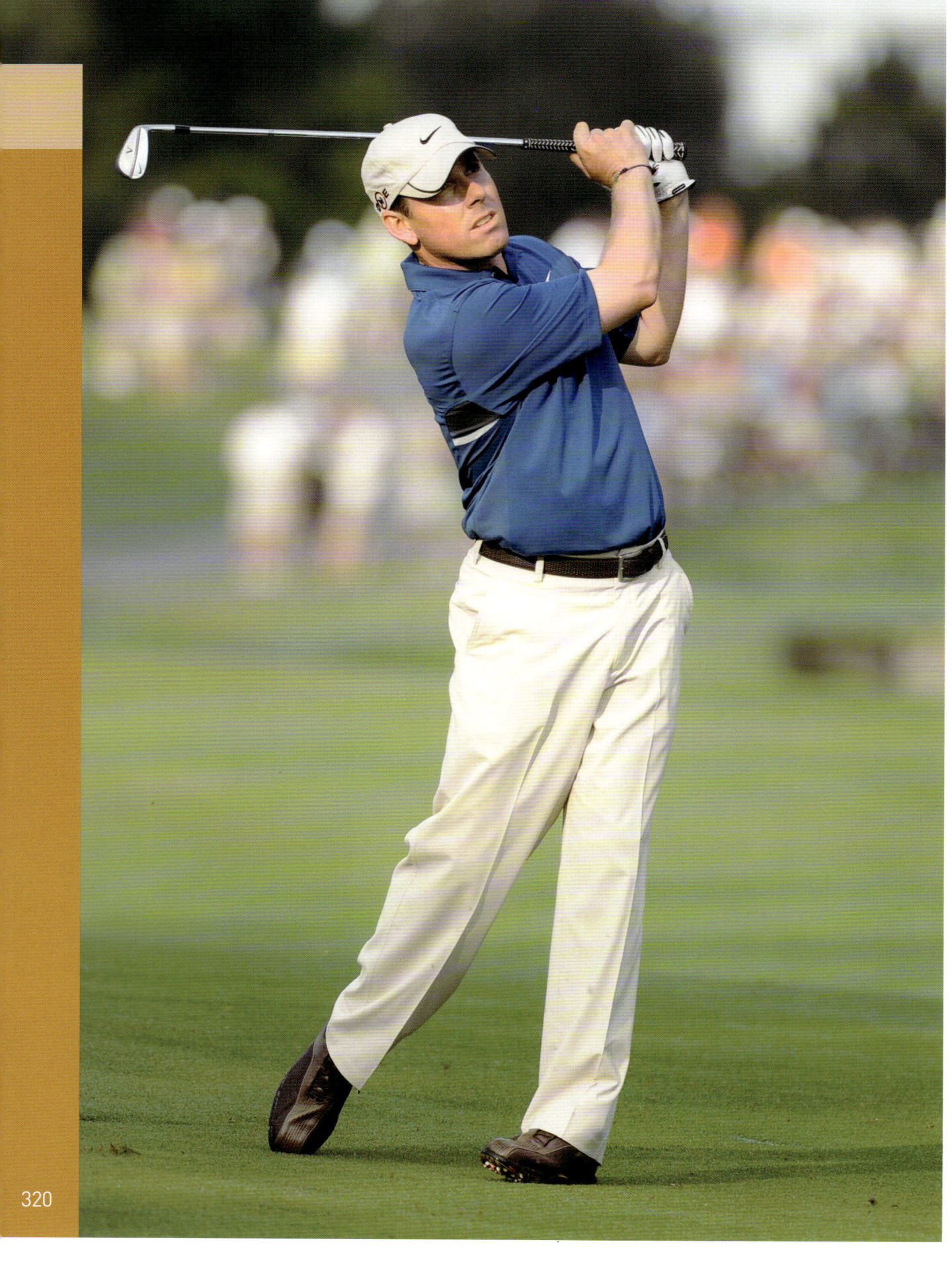

당신의 플레이 스타일을 고수하라
— 저스틴 레너드

모든 플레이어가 티샷을 폭발적으로 치거나, 의도적으로 높은 드로우샷을 구사하거나, 스핀이 많이 걸리는 웨지샷을 하지는 않는다. 그러므로 당신에게 맞는 게임을 운영하라. 한 가지 예를 들겠다.

나는 WGC 이벤트 대회가 열렸던 파이어스톤에서 650야드가 넘는 가장 긴 16번 홀에 다다랐다. 세컨샷의 위치가 내리막으로 형성되어 있었기 때문에 레이 업을 할 수밖에 없었다. 1라운드 때 나는 세컨샷을 100야드 지점으로 레이 업 했었다. 2라운드 때도 레이 업을 선택했는데, 그 지점에서 1m 떨어진 곳에서 1라운드 때 샷을 했던 나의 디봇 자국을 발견할 수 있었다. 나는 레이 업을 잘 선택한 것이다. 그 지점은 비교적 평평하고 치기 좋은 지점이었다. 내가 가장 치기 좋아하는 거리를 남겨놓지 못할지라도 웨지로 처리할 수 있는 거리 안에 레이 업이 된다면 상대방보다 좋은 조건에서 샷을 하는 이점을 생긴다. 레이 업을 하고자 하는 지점의 표식, 즉 나무나 벙커, 그리고 거리 표시 마커 등을 참조하여 플레이하라. 만일 GPS를 이용한 거리 측정 장비가 있다면 레이 업을 할 때 사용하기 바란다.

80% 이상의 힘으로 스윙하지 마라
— 닉 팔도

나의 첫 번째 스승인 이안 코넬리는 지금도 잊을 수 없는 가르침을 주었다. 그는 나에게 7번 아이언으로 가장 세게 스윙하여 6번의 샷을 하도록 했다. 그런 다음 다시 7번 아이언으로 100야드만 보낼 수 있도록 스윙하여 6번의 샷을 하도록 했다. 그 다음 10야드씩 증가된 거리를 6번씩 계속해서 샷을 하도록 했다. 나는 이렇게 해서 7번 아이언으로 가장 멀리 칠 수 있는 방법은 가장 세게 스윙을 하는 것이 아니라는 것을 알게 되었다.

그러한 연습 과정을 통해 볼을 더 멀리 똑바로 치는 방법은 강한 힘으로 스윙하는 것이 아니라 좋은 리듬으로 스윙하는 것이라는 것을 깨달았다.

경쟁에 관한 조언
– 마이클 조던

1. 작은 것에 집중하라
작은 것이 모여 큰 것을 만들기 때문에 나는 자신에게 항상 작은 것에 집중하라고 말한다. 골프에서 퍼팅을 하는 것을 농구에서 자유투를 하는 것과 같다. 내 생애 정신적으로 가장 힘들었던 자유투는 1986년 치러진 보스턴 셀틱스와의 경기였다. 연장전으로 가기 위해선 2개의 자유투를 모두 성공시켜야 하는 상황이었다. 나는 그 때 기본에만 집중했다. 즉, '절대 짧게 던지지 말자.', '팔을 충분히 뻗어서 던져 림에 도달해야 한다.' 등 2가지였다. 결국 2개의 자유투를 모두 성공시켰고, 나는 이 경기에서 63득점을 기록하였다. 골프도 다를 바 없다. 어떤 퍼트가 됐든 대충해서는 절대 안 된다. 1m 안의 모든 퍼트는 반드시 넣는다는 확신을 가지고 해야 한다.

2. 당신이 할 수 있는 것에 자신감을 가져라
만일 100% 자신감을 가지고 샷을 한다면 대부분 원하는 대로 이루어질 것이다.

3. 상금보다는 과정을 생각하라
준비하고 연습하여 완벽하게 만들어라. 열심히 연습하면 상금은 저절로 따라온다.

4. 단순함을 유지하라
골프와 농구는 여러 가지 면에서 연관성이 있는데, 특히 심리적인 면은 더욱 그렇다. 내가 큰 경기를 치를 때마다 나는 내 능력 안에서 할 수 있는 것을 깨닫고 그것에 집중한다. 특히 심한 압박감 아래서는 단순함을 유지하는 것이 좋다.

5. 라운드가 끝날 때까지 감정조절을 잘해라
만일 좋은 영감을 불어넣기 위해 라운드 도중 축하 세리머니를 하는 것은 자신에게 도움이 된다. 하지만 너무 과하게 하지 않기 바란다. 가끔 너무 도가 지나친 축하 세리머니는 흥분을 더하여 라운드가 끝날 때까지 그 기분이 그대로 이어질 수도 있다. 그것은 오히려 자신의 상황을 악화시킨다. 또한 그러한 행동이 오히려 상대방을 자극하여 더욱 분발하게 하는 동기를 만들기도 한다.

6. 긴장감은 나쁜 것이 아니다
나는 경기 전에 긴장감을 느끼곤 한다. 그러나 충분한 준비나 일관된 동작으로 인하여 초반에 슛이 잘 들어가면 그 긴장감은 곧 사라지고 만다. 경기가 시작되면 나는 평소 하던 대로 루틴을 실시한다. 골프도 준비를 하는 과정에서는 마찬가지일 것이다. 첫 번째 티샷을 할 때 긴장이 되는 것은 당연하지만 잘 준비된 한 번의 굿 샷은 이러한 긴장감을 떨쳐버리게 한다.

자신에게 맞는 티잉 그라운드를 선택하는 방법
– 골프 다이제스트 편집부

만일 당신이 코스에 처음 나가는 초보자라면 어떤 티에서 플레이해야 할지를 잘 모르므로 스코어카드에 적힌 거리는 무시하고 자신에게 맞는 티를 선택하라. 1979년부터 USGA 핸디캡 연구팀에서 종사해온 컬럼비아대학 교수 루시우스 리시오 박사는 코스에서 플레이 할 때 거리보다는 난이도가 더 고려되어야 할 사항이므로 슬로프 레이팅(코스 난이도의 척도)을 참고하라고 말한다.

예를 들면, 핸디캡 20인 장타자가 슬로프 레이팅이 135 이상 되는 티 박스에서 플레이하면 완전히 망칠 수 있다. 아래에 있는 도표에 따라 자신이 어떤 티잉 그라운드에서 플레이해야 하는지 결정하는 데 도움이 되기 바란다. 만일 당신이 자신의 핸디캡을 모르고 어떤 티에서 플레이해야 될지도 모른다면 우선 자신의 게임을 즐길 수 있는 곳을 택하고 실력이 향상된 후에 점차 더 어려운 티로 옮겨가기 바란다.

당신의 핸디캡	적정 슬로프 레이팅
0 이하	146
0~5	140~145
6~10	135~139
11~15	130~134
16~20	125~129
21~25	120~124
26~30	115~119
31~36	110~114
37 이상	109 이하

극도의 긴장감을 극복하는 방법
– 쟈니 밀러

극도의 긴장감이나 무대 공포증 등은 첫 티샷을 할 때 전혀 필요 없는 것들이다. 긴장을 많이 하는 플레이어들은 첫 번째나 두 번째 홀에서 돌파구를 찾기 위해 노력한다. 그렇지만 샷은 엉망이 되어 볼은 찾을 수 없고, 40야드 피치샷을 탑핑하여 그린을 훌쩍 넘겨 버리며, 생크가 발생해서 볼이 갤러리들을 향해 날아가고, 그린 주위 러프에서 몇 번의 칩샷을 실수하기도 한다. 마치 폭탄이 떨어진 기분이다. 심한 굴욕감으로 인하여 멘탈은 완전히 무너지고 계속된 재앙이 발생하게 된다.

하지만 아마추어 골퍼로서 좀 더 현명한 코스 매니지먼트와 적극적인 플레이를 통해 이러한 재앙을 없앨 수 있다. 자신이 가지고 있는 능력 안에서 자신의 리듬을 찾게 되면 폭탄 기폭장치의 뇌관을 제거할 수 있듯이 긴장감을 극복할 수 있다.

만일 생크가 발생한다면 도움을 청하라
— 짐 맥린

생크는 마음속에 지울 수 없이 바로 각인되는 가장 최악의 샷이다. 한번 생크가 나면 바로 문제점을 교정할 수 없기 때문에 또 다시 발생할 것에 대한 두려움이 매우 커진다. 이럴 때 나의 조언은 혼자서 해결하려고 하지 말고 바로 코치에게 찾아가라는 것이다.

내가 1990년대 초 뉴욕에 위치한 슬리피 할로우 컨트리클럽의 헤드프로로 있을 때 회원 중 한분이 매 샷마다 생크가 나는 것을 보았다. 그는 볼 한 바구니를 들고 연습장으로 가서 쳤는데 거의 모든 볼이 생크가 났다. 결국 그는 낙담해서 집으로 돌아갔다. 나는 지금껏 그렇게 낙담한 골퍼는 본 일이 없다. 그 후 몇 번의 대화 끝에 그는 나에게 레슨을 허락했다. 나는 그린 주위에서부터 시작하여 6가지 레슨을 해주었.

생크가 유발되는 데는 4가지 원인이 있다. 그의 문제는 클럽페이스를 오픈시킨 채로 아웃 투 인 궤도로 스윙하는 것이었다. 그래서 나는 그의 팔이 몸에서 떨어져서 클럽의 목 부분(호젤)으로 볼을 타격하지 않도록 시작부터 피니시까지 팔꿈치를 옆구리에 붙이라고 가르쳤다. 그리고 그는 매 샷마다 이러한 스윙을 해서 생크를 바로 잡을 수 있었다.

요청하지 않은 조언은 무시하라
— 밥 로텔라 박사

얼마 전에 슬럼프에 빠져 고민하고 있는 한 투어 플레이어를 가르치고 있었다. 하지만 최근 상위권에 몇 번 오르면서 상당히 고무되기 시작했다. 그리고 다음 투어 경기에서는 1라운드에서 8개의 버디를 기록하는 좋은 플레이를 펼쳤다. 그래서 그는 상당히 좋은 기분 상태를 유지하면서 성적에 관한 큰 희망을 걸고 있었다. 그는 퍼팅 연습을 하기 위해 연습 그린으로 갔는데 그를 잘 아는 한 선수가 다가와서는 "지금

어떤 연습을 하고 있는지 잘은 모르겠지만 셋업이 예전과 다른 것 같다."라고 말했다. 몇 분 후에 또 다른 선수가 와서는 "예전과는 다르게 눈이 볼 위 선상에서 벗어났다."라고 말했다. 그 말을 들은 후 그는 무엇을 어떻게 해야 할지 몰랐다. 결국 그는 다음날 경기에서 플레이가 엉망이 되었다.

당신에게도 스윙에 관한 조언을 해주는 친절한 주변 사람들이 많을 것이다. 충고하건데 절대 받아들이지 마라. 만약 그들이 다가오면 조언을 하기 전에 연습을 멈추고 그 자리를 피하라. 그들의 한마디가 당신이 코스에서 플레이 할 때 머릿속에서 꿈틀거리게 될 것이다. 만일 당신이 뭔가 교정하길 원한다면 계획을 짜서 자신감을 가지고 시도하라.

당신의 첫 번째 토너먼트를 준비하는 방법
– 맥스 에들러(골프 다이제스트 스태프 작가)

전설적인 아마추어 골퍼 바비 존스는 다음과 같은 말을 했다. "골프와 토너먼트 골프는 다르다." 만일 당신이 처음으로 공식적인 골프 대회나 이벤트에 참가한다면 너무 긴장하지 말기 바란다. 바비 존스가 한 말의 의미는 보통 라운드에서 버디를 많이 하는 경험보다는 공식 대회에서의 경험이 훨씬 더 중요하다는 것이다. 극도의 긴장감 때문에 위에 경련이 일어날 것 같고 손이 덜덜 떨리는 느낌을 느끼는 것은 재미있는 일이다. 당신이 무경험과 긴장감으로 인하여 수 백타를 치는 골퍼가 될 수도 있지만, 지금부터 공식경기에서 경험자처럼 잘 할 수 있기 위한 5가지 사항을 공개한다.

1. 플레이 방식을 잘 이해해야 한다

화살 던지기나 당구처럼 골프도 다양한 방식으로 점수를 매기는 대회들이 있다. 가장 적은 타수를 쳐서 홀 속에 들어가야 하는 것에는 변함이 없지만, 플레이 방식과 당신이 속한 팀의 스코어 산출 방식을 이해한다면 전략을 더 잘 세울 수 있고 시간도 절약할 수 있다.

이러한 대회에 참가하는 골퍼들의 수준은 모두 다르기 때문에 가장 많이 사용되는 대회방식은 스크램블(4인 그룹에서 2명씩 한조가 되어 같은 조 플레이어의 샷 중 좋은 샷을 골라서 플레이하는 방식)이나 베스트볼(4인 그룹에서 2명씩 한조가 되어 플레이하고 각 홀에서 좋은 스코어만 기록하는 방식)이다. 팀 포맷 상 상대방의 플레이 내용에 따라 승패가 결정되기 때문에 1퍼트로 성공시켜야만 하는 경우도 있고, 자신이 너무 많은 타수를 칠 경우 그 홀에서는 파트너의 스코어만 필요하기 때문에 더 이상 플레이를 할 필요가 없게 될 경우도 있다. 만일 이해가 잘 안 된다면 같은 그룹의 경험자나 스코어를 기록하는 사람에게 질문하라.

2. 올바른 도구를 사용하라

클럽 외에도 경기할 때 필요한 두 가지 도구는 마크 팬과 동전이다. 마크 팬은 볼에 자신의 소유를 알릴 수 있는 점이나 라인을 그을 때 사용한다. 당신이 사용하는 볼의 제품명(타이틀리스트 1, 캘러웨이 2, 나이키 3 등)이나 번호만 가지고는 동반 플레이하는 상대방의 볼과 구별하기가 쉽지 않다. 만일 잠정구를 칠 때는 볼에 원구와 구별될 수 있는 표시를 해서 준비하기 바란다. 동전이나 플라스틱 볼 마커는 그린에서 볼을 들어 올릴 때 사용된다.

그린 위에서는 볼 마커 대신 티를 꽂지 마라. 플레이어들 중에는 티 같은 물건으로 마크하는 것을 싫어하는 아주 까다로운 성격의 소유자도 있다는 것을 명심하라. 볼을 다시 놓을 때도 신중하게 하지 않으면 룰을 어기게 되어 초보자라는 인상을 주거나 속인다는 오해를 받을 수 있다.

3. 볼을 들어 올릴 때는 반드시 공식적으로 알려라

만일 초보자인 당신이 샷을 할 때 계속 탑핑을 한다든지 2번 연속 OB 지역으로 벗어난다면 그 홀에서는 볼을 집어 들고 플레이를 중단해도 예의에 어긋나지 않는다. 사실 동반자들은 당신이 플레이의 흐름과 시간절약을 위해서 노력하는 모습에 감사하게 생각할 것이다. 하지만 확실하게 의사를 밝히지 않고 볼을 집어 올리면 난처한 상황이 벌어지게 된다. 동반 플레이어들은 당신이 계속 플레이를 할 것인지 아닌지 모르기 때문에 계속 당신의 플레이를 기다리게 된다.

4. 유머감각을 유지하라

아마 유머감각은 필드 플레이를 할 때 가장 중요한 요소가 될 것이다. 살벌한 분위기에서 긴장을 즐기면서 도전적으로 샷을 해서 보상을 받을 수도 있다. 하지만 기억할 것은 이것은 일상 플레이이고 당신이 아무리 형편없이 쳐도 누구나 개의치 않는다는 것이다. 당신이 매일 연습에 전념하는 프로골퍼가 아니기 때문에 다른 플레이어들은 당신에게 단지 유쾌한 동반자가 되어 주길 바랄뿐이다. 짜증을 내거나 욕설을 하는 것은 금물이고 특히 초보일 때는 더욱 그렇다.

5. 대회 하루 전에는 레슨을 받지 마라

이긴다는 것은 즐거운 일이고 기회가 오면 최상의 플레이를 하고 싶은 것은 자연스러운 일이다. 하지만 플레이 바로 전날 레슨을 받거나 스윙을 고치는 일은 없도록 하라. 플레이를 준비하기 위해 가장 보편적으로 하는 방법은 골프 코스에 일찍 도착해서 자신의 스윙을 점검하는 것이다. 골프 스윙은 오랜 시간 속에서 다져지는 것이고, 머릿속에 새로운 생각들이 많아지면 플레이를 망치게 되는 것은 기정사실이다. 당신이 알고 있는 것을 가지고 최선을 다하라.

스코어에 신경 쓰지 말고 이기기 위해 플레이하라
― 헌터 마한

남부 캘리포니아에 있었던 주니어 시절에 나는 골프에 관한 2가지 목적이 있었다. 한 가지는 아버지를 이기는 것과 다른 한 가지는 언더파를 기록하는 것이었다. 하지만 라운드가 끝날 때쯤 번번이 어떤 일이 발생해서 그 두 가지 목적을 달성하지 못했었다. 12살이 되던 생일날 아버지께서 나를 알타비스타 컨트리클럽으로 데려가셨다. 그날은 플레이가 아주 잘 되었고, 라운드가 진행됨에 따라 아버지를 이겨야 한다는 열망이 강해져서 스코어가 어떻게 되는 줄도 모르고 최대한 플레이에 집중했다. 나는 결국 아버지를 이겼고 나중에 클럽하우스에 들어와 확인한 스코어는 71타, 즉 1언더파였던 것이다. 만일 당신이 원하는 타수를 깨기 위하여 노력하고 있다면 스코어에만 연연하지 말고 동시에 다른 목적을 설정하여 그 목적을 달성하고자 노력하라. 그러면 스코어에 대한 목적도 이루어지게 된다.

혼자 해결하려고 하지 마라
– 부치 하먼

골프 교습가들 사이에서 회자되는 말이 있다. "스윙의 느낌과 실제는 다르다." 다시 말해서 당신이 하고자 하는 스윙과 실제 스윙은 상당히 다르다는 것이다. 당신은 반드시 공인 티칭프로를 찾아가 스윙에 관한 진단과 올바른 교정에 대한 도움을 받아야 한다. 한 두 번의 레슨으로 해결된다고 생각하지 마라. 당신은 스스로가 매번 스윙할 때마다 비디오로 찍어서 자신의 스윙 모습을 볼 수 없기 때문에 티칭프로로 하여금 당신의 스윙동작을 점검하는 것이 필요하다.

나는 현대 골프 투어선수 중 혼자만의 연습으로 스윙을 크게 바꾼 예를 본적이 없다. 하물며 일반 골퍼들에게는 혼자 연습하는 것이 그들에게 이로운 것보다는 해로운 면이 더 많을 수밖에 없다.

2011 마스터스 토너먼트에서 찰 슈워젤이 우승의 기쁨을 만끽하고 있다.

Golf Digest

골프 다이제스트 레슨

초판 1쇄 발행 2013년 3월 11일
초판 9쇄 발행 2023년 7월 3일

지은이 론 카스프리스크, 골프 다이제스트 편집부 | **옮긴이** 김해천 | **펴낸이** 김영조
편집 김시연 | **디자인** 이병옥 | **마케팅** 김민수, 구예원 | **제작** 김경묵 | **경영지원** 정은진
외주디자인 본문 김영심, 표지 ALL designgroup
펴낸곳 싸이프레스 | **주소** 서울시 마포구 양화로7길 44, 3층
전화 (02)335-0385/0399 | **팩스** (02)335-0397
이메일 cypressbook1@naver.com
홈페이지 www.cypressbook.co.kr
블로그 blog.naver.com/cypressbook1
포스트 post.naver.com/cypressbook1
인스타그램 싸이프레스 @cypress_book | 싸이클 @cycle_book
출판등록 2009년 11월 3일 제2010-000105호

ISBN 978-89-97125-25-8   13690

- 이 책은 저작권법에 따라 보호는 받는 저작물이므로 무단 전재 및 무단 복재를 금합니다.
- 책값은 뒤표지에 있습니다.
- 파본은 구입하신 곳에서 교환해 드립니다.
- 싸이프레스는 여러분의 소중한 원고를 기다립니다.